Bayerische Küche

Alle Rechte der Reproduktion, Übersetzung oder anderweitige Verwendungen,
auch auszugsweise, weltweit vorbehalten. Dies gilt auch für Mikroverfilmung und für
die Verarbeitung mit elektronischen Systemen.
© Komet Verlag GmbH, Köln
www.komet-verlag.de
Gesamtherstellung: Komet Verlag GmbH
ISBN 978-3-89836-410-2

Bayerische Küche

Inhaltsverzeichnis

Land & Leute	8
Suppen und Schmankerl	24
Mehlspeisen	40
Fleisch und Geflügel	52
Wild	70
Fisch	84
Gemüse	96
Desserts und Backwaren	110
Rezeptregister	128

Land & Leute

Bayern

Aber ja doch, es gibt sie wirklich noch, die bayerische Küche. Vielleicht nicht mehr ganz so selbstverständlich wie noch vor wenigen Jahrzehnten. Bayern ist ja schließlich eines der moderneren Bundesländer, wie es der Begriff vom Alpen-Silicon-Valley auch sehr schön zum Ausdruck bringt. Oder kulinarisch ausgedrückt: Zwischen Odelshausen und Passau, zwischen Coburg und Lindau hat sich der Vormarsch der Currywurst ebenso wenig aufhalten lassen wie der Gebrauch der Fritteuse zur Herstellung so genannter Wiener Schnitzel. Und selbst eines der Wahrzeichen bayerischer Küche, der Leberkäs, ist zumindest in der Satire von

Gerhard Polt längst zum Leberkäs Hawaii degeneriert (Das Rezept für einen echten Leberkäs finden Sie weiter hinten im Buch).

Wo aber Gefahr ist, wächst das Rettende auch (so oder ähnlich sagt es der Dichter): Getreu dem bayerischen Motto „Mir san mir" besinnt man sich hier der eigenen Ursprünge, nicht zuletzt der kulinarischen. Und an Eigenständigem in Küchendingen bietet Bayern wahrhaftig genug. Und damit meine ich gar nicht einmal nur die Sprache, die ziemlich eigensinnig darauf besteht, dass es der Petersil heisst und der Butter. Was uns allen die bayerischen Genüsse so lieb und so besonders macht, sind andere Verdienste. Das sind der Biergarten und das Wirtshaus, das ist das Herzhafte und Bodenständige von allerlei Fleisch bis zu vielerlei Fisch, das ist die Freude an Bier und einer Vielzahl von Würsten, das ist die Achtung vor allerhand andernorts verachteter Lebensmittel vom Kalbsherz bis zum Lüngerl, das ist die Freude an den mit Recht so genannten Schmankerln und das ist nicht zuletzt das schier unerschöpfliche Entwicklungspotenzial bayerischer Spezialitäten.

Natürlich fängt bayerische Küche wie Bayern überhaupt beim Bier an. Nicht umsonst wird es von Einheimischen wie selbstverständlich als Grundnahrungsmittel verstanden, erst in zweiter Linie als Getränk. Und als Alkohol schon gar nicht. Als einem Freund von seinem Arzt ein längeres Alkoholverbot auferlegt wurde und er mir stolz erzählte, er habe seit sechs Wochen nichts getrunken, dachte ich, er wollte mich auf den Arm nehmen, hatte er doch eindeutig eine halbvolle Mass Helles vor sich stehen. „Aber das ist doch kein Alkohol", meinte er, „das ist doch Bier!" Er murmelte dann noch etwas von flüssigem Brot und trank weiter. Zumindest ein bisschen muss er Recht

gehabt haben: Auch heute, zwanzig Jahre später, erfreut er sich bester Gesundheit und genießt sein Bier mit der gleichen Inbrunst wie damals. Und das mit dem flüssigen Brot ist auch gar nicht so abwegig: Angeblich war bei den alten Ägyptern die Hieroglyphe für Brot die gleiche wie für Bier. Eins aber hat sich mit Sicherheit geändert seither: Die Vielfalt der Biere in Bayern ist auch für den geübten Probierer ziemlich unüberschaubar geworden! Vom Hefeweizen mit dicken Hefebrocken drin über die zahlreichen Hellen, von den samtigen Dunkeln zu den bemerkenswerten Rauchbieren in Franken, von den mächtigen Festbieren bis zu den umwerfenden Bockbieren, ja inzwischen auch bis zum herben Pils – hier gibt es bei aller Konzentration und Marketing-Gleichmacherei noch immer eine Biervielfalt wie nirgends sonst in Deutschland.

Land & Leute

Das sollte Sie allerdings nicht hindern, sich auch einmal trinkenderweise mit bayerischem Wein zu beschäftigen. Schließlich war Franken – und das gehört zu Bayern! – schon immer Vorreiter für wahrhaft große und vor allem trockene Weine. Wovon schon Goethe ein Lied zu singen wußte: Er trank am liebsten Würzburger Stein. Ob damals schon aus dem fränkischen Bocksbeutel, entzieht sich allerdings meiner Kenntnis. Und auch für die großen Rotweine, die es jetzt aus Franken gibt, hat er wohl leider zu früh gelebt.

Trotzdem bleibt natürlich das Bier das Nationalgetränk. Und vom Bier ist es nicht weit in den Biergarten, unter Zugereisten wie Einheimischen beliebt als bayerisches Paradies auf Erden. Und tatsächlich gibt es kaum etwas Erquickenderes als an einem blau-weißen Sommertag im grüngoldenen Licht der Kastanien zu sitzen, unter sich die schlichte Holzbank, vor sich den Holztisch mit einer frischen Halben darauf. Von irgendwo weht der Rauch von gegrillten Haxen und von Steckerlfisch herüber, und am Nebentisch wird der Radi fachmännisch zur Spirale geschnitzt. Ob Sie nun einen Miesbacher Käse zu Ihrem Bier essen oder nur ein Schnittlauchbrot, große

Küche wird das sicher nicht sein, aber es wird Ihnen etwas bescheren, was großer Küche (zu der kommen wir später noch) nur selten gelingt: Das Glück des ganz Einfachen.

Einfachheit, ja sogar eine gewisse Grobheit, ist es ja auch, die wir Ausländer spontan mit dem Begriff Bayerische Küche verbinden. Eine Schlichtheit, die besonders überzeugend in einer weiteren Besonderheit zum Vorschein kommt, der Brotzeit. Dabei handelt es sich um ein Phänomen, das man in anderen Teilen Deutschlands allenfalls mit „zweites Frühstück" oder aber „erstes Bier" übersetzen könnte. Auf jeden Fall handelt es sich um eine durchaus substantielle Mahlzeit, die vorzugsweise im Laufe des Vormittags eingenommen wird. Bei ihr kommt eine der tragenden Säulen bayerischer Küchenkunst zum Tragen: Die Wurst. Bei aller Konkurrenz aus Thüringen, Göttingen, Westfalen und anderen Gegenden, ich glaube nicht, dass es irgendwo sonst eine derartige Vielfalt an Würsten gibt. Die mit Abstand bekannteste, insbesondere am Vormittag, ist natürlich die Weißwurst – nach ihr ist sogar die wichtigste kulinarische Grenze Deutschlands, der Weißwurst-Äquator, benannt. Da verwundert es denn auch nicht, dass zahlreiche Mythen dieses zarte Gebilde umgeben. Am hartnäckigsten hält sich das Gerücht, Weißwürste dürften das Zwölf-Uhr-Läuten nicht erleben, müssten also am Vormittag gegessen werden. Was mir ein zuverlässiger Zeuge aus der Münchner Max-Vorstadt folgendermaßen kommentiert hat: „A Schmarrn".

Das Geheimnis der Weißwurst ist so undurchdringlich, dass der Münchner Unternehmensberater und Wirtshauskenner Werner Siegert einen "Kleinen aber unentbehrlichen Weißwurstknigge" (www.weisswurstknigge.de) herausgebracht hat. Ein kleiner Auszug: "Es gibt kein Gesetz und keine Regel, wie man eine Echt Münchner Weißwurst zu essen hat, aber wehe, Sie verstoßen dagegen." Eines allerdings sollten Nichtbayern dennoch streng beachten, nämlich kein Sauerkraut zur Weißwurst zu bestellen. Es könnte sonst diplomatische Verwicklungen geben. Ohnehin kann es leicht zu Verstimmungen kommen, wenn es um die Wurst geht (daher kommt wahrscheinlich der Ausdruck). Allein die Diskussion um die korrekte Zusammensetzung eines Wurstsalats, ob mit Regensburger oder mit Lyoner oder einer anderen Fleischwurst, kann Freundschaften zerstören (mit Regensburger sollten Sie allerdings auf der sicheren Seite sein. Wie Sie beim Rezept weiter hinten unschwer herausfinden und -schmecken können).

Die zentrale Stelle der Wurst im bayerischen Essen erweist sich auch an der ehrwürdigen Schlachtplatte, einem gewaltigen, ziemlich fetten und sehr gut gewürzten Gericht aus Blut- und Leberwurst und allerhand anderem frisch Geschlachtetem. In manchen Gasthäusern gibt es am traditionellen Schlachttag (früher war es in München zum Beispiel Dienstag) frische Metzelsupp, eine äußerst gehaltvolle Suppe mit allem, was beim Schweineschlachten so anfällt. Aber glauben Sie nicht, damit hätten Sie den Kosmos bayerischer Würste schon durchmessen. Da gibt es schließlich noch Wiener und Bratwürste, Kalbslyoner und Brühpolnische, Wollwürste und wenn Sie Glück haben auch mal eine Milz-Brieswurst. (Falls Sie mal in der Gegend sind: Besonders zu empfehlen ist sie im „Straubinger" in der Nähe des Münchner Viktualienmarkts).

Land & Leute

Apropos Milz und Bries: Einer der großen Vorzüge bayerischer Küche besteht ja auch darin, dass andernorts vernachlässigte Dinge hier zu wohlverdienten Ehren kommen. Zwar sind heute auch in Bayern die Zeiten vorbei, als jedes zweite Wirtshaus noch Gaststätte und Schlachterei zugleich war, aber mit ein wenig Geduld findet man sie noch, die Wirte, die gegenüber allem Fleisch ein durchaus unbefangenes Verhältnis haben. Und die deshalb solche altbayerischen Herrlichkeiten wie geröstetes Kalbsherz, saures Lüngerl oder auch mal eine Niere servieren. Von Kutteln und Leber ganz zu schweigen. Allerdings, auch dies sind mittlerweile schon fast nostalgische Köstlichkeiten und nur schwer zu finden.

Seit der Frankfurter Flughafen der größte deutsche Umschlagplatz für Fisch geworden ist, fällt es natürlich auch in Bayern nicht mehr schwer, Maritimes zu finden. Der Seeteufel ist

in München so kommun wie der Baby-Steinbutt, der Papageienfisch und der Red Snapper (jedenfalls auf dem Münchner Viktualienmarkt).

Darüber könnte man leicht vergessen, dass es hierzulande eine vorzügliche Fischküche gibt und immer gegeben hat. Neben der Forelle ist es vor allem die Renke aus den bayerischen Seen, die schlicht in Butter gebraten, höchstes Vergnügen bereitet. (Dieser Fisch ist am Bodensee als Felchen und an den Seen Norddeutschlands als Edelmaräne bekannt.) Und wann immer Sie Gelegenheit haben, den mächtigen Donau-Waller, einen Wels, zu verspeisen, idealerweise mit Wurzelgemüsen pochiert: Greifen Sie zu. Er ist mit unserem Rezept ziemlich unschlagbar.

Fast so schwer zu finden wie der Donauwaller ist das eigentliche bayerische Nationalgericht, der Schweinsbraten mit Knödeln in seiner schönsten Form (es darf auch Spanferkel sein oder andere Unwahrscheinlichkeiten). Was den Schweinsbraten zur Rarität macht, ist gar nicht einmal das Fleisch. Jetzt da es ja doch immer häufiger frei lebende Schweine ohne Hormonfutter und Antibiotika-Zugaben gibt, und gerade in Bayern tummeln sich einige Pioniere artgerechter Tierhaltung, da stößt man doch immer häufiger auf gute Braten. Das eigentliche Problem ist dann meist der Knödel. Das beste am Schweinsbraten ist nämlich die Sauce und der roh geriebene Kartoffelknödel. In meinen Münchner Jahren habe ich oft genug einen „Schweinsbraten mit Sauce und zwei Knödeln" bestellt und dann hinterhältig hinzugefügt: „Aber den Braten können Sie weglassen." Das funktioniert aber definitiv nur, wenn es sich um handgeriebene rohe Knödel handelt, aus besten Kartoffeln, versteht sich. Und wenn Ihnen jemand irgendetwas anderes sagt, glauben Sie ihm bitte kein Wort.

Dass der Knödel auf der kulinarischen Bühne Bayern eine außerordentliche Rolle spielt, ist kein Wunder: er ist das ideale Mittel, die reich-

Nationalgemüse schlechthin. Es gibt keine Speisekarte ohne Sauerkraut, viele Würste sind ohne Sauerkraut kaum vorstellbar, zum Beispiel die kleinen Nürnberger Rostbratwürste, kurzum die bayerische Vorliebe fürs Kraut hat nicht unwesentlich dazu beigetragen, der deutschen Küche insgesamt zu ihrem internationalen Sauerkraut-Image zu verhelfen. Mittlerweile sollen aber auch schon in ländlichen Gaststätten andere Gemüse als Kraut und rote Rüben gesichtet worden sein. Und auch der frische Salat hat sich wohl endgültig durchgesetzt.

„Ja mei, so geht's halt zua", sagt der große Gerhart Polt angesichts des allmählichen Niedergangs des klassischen bayerischen Wirtshauses. „Früher waren die Gasthäuser Kommunikationsstätten, so ähnlich wie die Piazza in Italien. Da wurde Handel getrieben, getratscht, Kinder gab's und Wallfahrer, es wurden Lieder gesungen, Reime aufgesagt, Gstanzln, Gedichte; man hat im Wirtshaus gelebt, dabei haben die Leut' gegessen, haben sich inspirieren lassen – heut' ist das Wirtshaus ein stummer Ort, zum Restaurant verkommen."

lichen Saucen mit größtmöglichem Genuss in den Griff zu bekommen. Und Saucen gibt es immer. Und natürlich auch Knödel: Kartoffelknödel, aus rohen und gekochten Kartoffeln oder aus beidem, als böhmische Anleihe Serviettenknödel und selbstverständlich den unverzichtbaren Begleiter jedweder Pilzgerichte, den Semmelknödel. (Beachten Sie dabei aber bitte, dass Pilze hierzulande Schwammerl heißen).

Haben Sie allmählich das Gefühl, dass wir uns immer mehr den gängigen Klischees der bayerischen Küche annähern? Nun ja, gelegentlich ist die Wirklichkeit hier im Süden den Klischeevorstellungen von ihr durchaus nahe. Und Klischees sind schließlich oft auch nur eine schlichtere Form von Wahrheit. So ist es nämlich auch in Sachen Sauerkraut. Das allgemeine Vorurteil will es so, und die Wirklichkeit bestätigt es: Sauerkraut ist das bayerische

Die Entwicklung der Restaurants selber aber lässt denn doch staunen. Ist Bayern doch der Ort, an dem ein beträchtlicher Teil des so genannten deutschen Küchenwunders seinen Anfang hatte. Eckart Witzigmann aus dem nahen Südtirol brachte in München, erst im "Tantris", dann in der "Aubergine" die Küchenkunst auf höchste Höhen, ohne dabei auf Regionales zu verzichten. Er war es, der den Lebensmitteln wieder ihren Geschmack zurückgab, der das Beste daraus machte, was in

19

Land & Leute

ihnen steckte. Dass das natürlich nur mit den allerbesten Produkten klappt, liegt auf der Hand. Und die fand Witzigmann in München und Umgebung. Auf dem Viktualienmarkt und beim Rungis-Express. Im Tölzer Kasladen und bei den Bauern Bayerns. Da kannte der Großmeister denn auch keine Berührungsängste mit dem Regionalen, verband er doch das Ursprüngliche auf Feinste mit dem Feinsten. So ist mir als eine kulinarische und küchenphilosophische Offenbarung ausgerechnet eine Graupensuppe in Erinnerung, mit der Witzigmann das Weinlokal „Gratzers Lobby" belieferte. Und das mir, der ich Graupen immer verabscheut hatte! Sein Landsmann und Nachfolger im „Tantris", Heinz Winkler, ist mit seiner Küche des konzentrierten Geschmacks auch woanders schwer vorstellbar. In seiner prächtigen „Residenz" in Aschau im Chiemgau können Sie selbst nachschmecken, dass er seine drei Michelin-Sterne verdient. Selbstverständlich ist das nicht bayerische Küche, die hier serviert wird, aber es ist beste Küche in Bayern. Genauso wie beim jetzigen Chef im „Tantris", dem begnadeten Hans Haas, der solch eher rustikale Dinge wie in Rotwein geschmorte Kalbsbäckchen geradezu genial aufs Höchste verfeinert hat.

Natürlich ist es nicht möglich, alle großen Köche in Bayern zu erwähnen – es sind einfach zu viele zwischen Lindau und Weissenstadt, zwischen Regensburg und Würzburg. Einen allerdings kann man nicht einfach so weglassen, dafür verkörpert er viel zu sehr die moderne Küche in Bayern und Bayern in der modernen Küche. Die Rede ist natürlich von Alfons Schuhbeck, einst Allround-Genie im Kurhaus-Stüberl in Waging am Chiemsee, in

der Fernsehwerbung, in den Klatschspalten der bunten Presse und in vielen bemerkenswerten und manchmal auch weniger bemerkenswerten Fernsehsendungen und -serien. In den besten Küchen ausgebildet, unter anderem bei Witzigmann, kümmerte er sich eher weniger um kulinarische Moden. Als andere noch zum hundertsten Mal „rosa gebratene Entenbrust an Cranberry-Essence" oder Ähnliches servierten, da briet Schuhbeck seine Bauernente kross, wie es sich in Bayern gehört. Ich hatte mal das Vergnügen, für einen Test im Fernsehen zwei von Alfons Schuhbeck zubereitete Gänse zu essen, dabei ging es um den Unterschied zwischen billigen Tiefkühlvögeln und edlen Freilaufgänsen. Und ich sage Ihnen, bei dieser meisterhaften Zubereitung wurde es wirklich schwer, die bessere Gans herauszuschmecken. Und so kocht er immer noch, in seinem Restaurant „Schuhbeck's in den Südtiroler Stuben" in München und in seinen fröhlichen Fernsehsendungen im Bayerischen Rundfunk: mit höchstem handwerklichen Können, mit viel Traditionsbewusstsein und vor allem mit lockerem Witz, großer Gelassenheit und leichter Hand.

Mit Schuhbeck wollen wir auch das weite Feld bayerischer Süßspeisen betreten, wo Schuhbeck mit Heidelbeerdatschi oder jetzt in München mit seinen Rohrnudeln mit Pralinensauce und Vanilleeis mal wieder Maßstäbe setzt. Ist die Rohrnudel unter den Desserts doch, was in der übrigen bayerischen Küche der Knödel ist (im Norddeutschen taucht er gelegentlich unter der Bezeichnung Hefekloß auf). Es gibt sie aus dem Ofen als Rohrnudeln oder aber im Einsatz gedämpft als Dampfnudeln. In jedem Fall und vor allem mit der klassischen Vanillesauce sind sie ein Hochgenuss. Die Nähe zum Mehlspeisenparadies Österreich wird in den zahlreichen Strudelvariationen deutlich, vom vieldeutigen Schmarren ganz zu schweigen. Wie es so oft der Fall ist, stammt das bekannteste bayerische Dessert, die weltberühmte Bayerisch Creme, gar nicht aus Bayern, sondern wie so vieles andere aus Paris. Dort sollen im 19. Jahrhundert einige bayerische Prinzen einen solchen Gefallen an der reichhaltigen Süßspeise gefunden haben, dass der Name hängen blieb. Bis heute, wo sie auch den nichtprinzlichen Bayern schmeckt.

Mag sich Bayern heute auch noch so sehr als Land der Hochtechnologie verstehen, so bleibt es doch eindeutig auch ein Land der Landwirtschaft. Und natürlich ganz besonders ein Land der Vieh- und Milchwirtschaft. Das hat kulinarische Folgen. In Form von Käse nämlich. Und damit meine ich nicht einmal so sehr den Blauschimmelkäse Bavaria Blue. Seit sich auch in Bayern immer mehr die Erkenntnis durchsetzt, dass Natürliches besser schmeckt, kommen auch immer mehr Rohmilchkäse auf den Markt. Insbesondere von den Almen des Allgäus erobern einige sensationelle Bergkäse die Republik. Auf dem Hamburger Isemarkt beispielsweise bilden sich dienstags und freitags am Stand mit dem Allgäuer Bergkäse regelmäßig lange Schlangen. Und dann gibt es noch einen Käse, der mir ganz besonders ans Herz gewachsen ist: Der Miesbacher. Für diesen kleinen zarten Stinker bin ich einst regelmäßig am Wochenende von München an den Tegernsee gefahren und habe im Bräustüberl eines der wundervollen Biere getrunken und dazu einen Miesbacher und eine Laugenbrezel gegessen. Machen Sie's nach (mit unseren Rezepten natürlich), und Sie haben auf kleinstem Raum alles zusammen, was Bayern so unwiderstehlich macht!

Suppen und Schmankerl

Suppen und Schmankerl

Grießklößchensuppe

Zutaten für 4 Personen
40 g Butter, 80 g Hartweizengrieß, 1 Ei, Salz, frisch geriebene Muskatnuss, 1 l Rinderbrühe, 1 El gehackte Petersilie

1 Die weiche Butter schaumig rühren. 1 Esslöffel Grieß darunter rühren, anschließend das Ei darunter rühren. Den restlichen Grieß, Salz und frisch geriebene Muskatnuss darunter rühren. Den Teig etwa 20 Minuten quellen lassen.

2 Die Rinderbrühe vorsichtig zum Kochen bringen. Anschließend aus dem Teig mit nassen Händen kleine Klößchen formen. Der Teig muss so fest sein, dass er sich zu kleinen Klößchen formen lässt. Andernfalls noch etwas Grieß darunter rühren.

3 Die Klößchen in der kochenden Rinderbrühe bei schwacher Hitze etwa 20 Minuten gar ziehen lassen. Die Petersilie waschen, trockenschütteln und klein hacken.

4 Die Grießklößchensuppe vor dem Servieren mit der gehackten Petersilie bestreuen.

Zubereitungszeit 35 Minuten
(plus Quellzeit)
Pro Portion ca. 176 kcal/739 kJ
5 g E · 11 g F · 15 g KH

Leberknödelsuppe

Zutaten für 4 Personen
4 Brötchen vom Vortag, Salz, 250 ml Milch, 1 kleine Zwiebel, 2 El Butterschmalz, 1/2 Bund gehackte frische Petersilie, 150 g Rinderleber, 1 Messerspitze Majoran, Pfeffer, 2 Eier, 1 l Kalbsfond

1 Die Brötchen in Scheiben schneiden, in eine Schüssel geben und mit Salz bestreuen. Die Milch erwärmen und über die Brötchen gießen. Zugedeckt etwa 10 Minuten einweichen lassen.

2 Die Zwiebel schälen und fein hacken. Das Butterschmalz in einer Pfanne erhitzen und die Zwiebeln darin andünsten. Mit der Hälfte der Petersilie zu den eingeweichten Brötchen geben.

3 Die Leber waschen, trockentupfen und durch den Fleischwolf drehen oder schaben. Mit Majoran, Eiern und dem Brötchenteig vermengen und daraus eine feste Masse bereiten. Ist sie zu weich, etwas Paniermehl unterrühren. Abschmecken.

4 Den Kalbsfond erhitzen. Mit feuchten Händen 4 bis 6 große Knödel formen und in der Brühe etwa 20 Minuten garen lassen. Vor dem Servieren die restliche Petersilie in die Suppe rühren.

Zubereitungszeit 40 Minuten
(plus Einweichzeit)
Pro Portion ca. 395 kcal/1659 kJ
36 g E · 14 g F · 30 g KH

Suppen und Schmankerl

Bayerische Kohlsuppe

Zutaten für 4 Personen
2 Zwiebeln, 350 g Kartoffeln, 350 g Karotten, 350 g Weißkraut, 1 Lauchstange, 150 g Sellerie, 100 g Bauchspeck, 1 El Butter, Salz, Pfeffer, 1/2 Tl Kümmelkörner, 750 ml Gemüsebrühe, 2 El gehackte frische glatte Petersilie

1 Die Zwiebeln schälen und in Ringe schneiden. Die Kartoffeln schälen, waschen und in Scheiben schneiden. In Wasser legen.

2 Die Karotten schälen und in Scheiben schneiden. Das Kraut waschen, den harten Strunk herausschneiden und den Kohl in mundgerechte Stücke schneiden. Den Lauch putzen, halbieren, gründlich waschen und in Ringe schneiden. Den Sellerie schälen und in kleine Würfel schneiden.

3 Den Bauchspeck würfeln. Die Butter in einem großen Topf erhitzen und die Speckwürfel darin anbraten. Die Zwiebelringe hinzufügen und kurz mitschmoren. Dann das restliche Gemüse dazugeben und alles würzen.

4 Mit Kümmel bestreuen und die Brühe angießen. Die Suppe bei geschlossenem Deckel etwa 30 Minuten garen, bis das Gemüse noch leicht bissfest ist. Die Kohlsuppe mit Petersilie bestreut servieren.

Zubereitungszeit 35 Minuten
(plus Garzeit)
Pro Portion ca. 176 kcal/739 kJ
6 g E · 6 g F · 23 g KH

Biersuppe mit Zwiebeln

Zutaten für 4 Personen
2 mittelgroße Zwiebeln, 4 El Butterschmalz, 1 1/4 l Rinderbrühe, Salz, Pfeffer, 4 Scheiben Bauernbrot, 1/2 l helles Bier, 5 El Butter, 1 El gehackte frische Petersilie

1 Die Zwiebeln schälen und in Ringe schneiden. Das Butterschmalz in einer Pfanne schmelzen und die Zwiebelringe darin bräunen. Anschließend in einen großen Topf geben und mit der Brühe übergießen.

2 Die Brühe erhitzen, dann mit Salz und Pfeffer würzen und 10 Minuten ziehen lassen.

3 Jede Brotscheibe in 4 Teile schneiden und ins Bier tauchen. Die Butter erhitzen und die getränkten Brotscheiben darin knusprig ausbacken.

4 Die Bier-Brote auf Teller verteilen und die Zwiebelbrühe darüber geben. Die Suppe mit Petersilie bestreuen und mit einem Maß Bier servieren.

Zubereitungszeit 30 Minuten
Pro Portion ca. 473 kcal/1985 kJ
15 g E · 31 g F · 25 g KH

Suppen und Schmankerl

Hochzeitssuppe

Zutaten für 4 Personen

1/2 Brötchen, 10 g Schweineschmalz, 125 g Rinderleber, 1 Ei, 1 Bund fein gehackte Petersilie, Salz, Pfeffer, 1 l Rinderfond, 100 g Kalbsbrät, 1 Ei, 2–3 El kalte Milch, 1/2 El Mehl, 1 Messerspitze Zitronenschale, 1 El gehackte Petersilie, 125 ml Wasser, 65 g Butter, 65 g Mehl, 1 Ei, Butterschmalz, 1 El Schnittlauchröllchen

1 Das Brötchen würfeln, in heißem Schmalz braten und mit der gewaschenen Rinderleber pürieren. Mit Ei und Petersilie vermischen und mit Salz und Pfeffer würzen. Teig 1 Stunde quellen lassen. Von der Masse längliche Klöße abstechen und im Rinderfond 12 Minuten ziehen lassen.

2 Für die Brätknödel Brät, Ei, Milch, Mehl, Zitronenschale und Petersilie miteinander verkneten. Mit einem Teelöffel kleine Knöpfle abstechen und in der heißen Brühe 5 Minuten ziehen lassen.

3 Für die Backspätzle aus Wasser, Butter, Mehl und Ei einen Brandteig herstellen. Reichlich Butterschmalz erhitzen, Brandteig durch einen Lochseiher hineinrühren und goldgelb backen. Herausnehmen und in die Suppe geben. Die Suppe mit Schnittlauch bestreut servieren.

Zubereitungszeit 40 Minuten
(plus Zeit zum Quellen)
Pro Portion ca. 385 kcal/1617 kJ
16 g E · 27 g F · 19 g KH

Suppen und Schmankerl

Gebackener Leberkäse mit Bratkartoffeln

Zutaten für 4 Personen

750 g Kartoffeln, Salz, 2 Zwiebeln,
2 Gewürzgurken, 5 El Butterschmalz,
4 Scheiben Leberkäse, Pfeffer, 1/2 Bund frische Petersilie

1 Die Kartoffeln am Vortag waschen und in kochendem Salzwasser etwa 20 Minuten garen. Anschließend abgießen, abtropfen und abkühlen lassen.

2 Die Zwiebeln schälen und hacken. Die Gewürzgurken längs in Scheiben schneiden.

3 2 El Butterschmalz in einer Pfanne erhitzen und die Leberkäsescheiben darin von beiden Seiten goldbraun backen. Die Zwiebeln zugeben und mitschmoren. Beides aus der Pfanne nehmen und warm stellen.

4 Die gekochten Kartoffeln pellen und in Würfel schneiden. Das restliche Butterschmalz in einer Pfanne erhitzen und die Kartoffelwürfel darin von allen Seiten knusprig braten. Mit Salz und Pfeffer abschmecken.

5 Leberkäse mit den Bratkartoffeln servieren. Die Gewürzgurkenscheiben dekorativ auf dem Teller verteilen und alles mit Petersilie garnieren. Dazu passt Krautsalat.

Zubereitungszeit 40 Minuten
Pro Portion ca. 463 kcal/1943 kJ
18 g E · 30 g F · 31 g KH

Suppen und Schmankerl

Bayerischer Wurstsalat

Zutaten für 4 Personen

750 g Fleischwurst, 2 Zwiebeln, 1 Gewürzgurke, 1 Apfel, 3 El Essig, 4 El Sonnenblumenöl, Salz, Pfeffer, 1/2 Bund Petersilie

1 Die Fleischwurst in Scheiben und dann in Streifen schneiden. Die Zwiebeln schälen und in Ringe, die Gurke in feine Würfel schneiden.

2 Den Apfel schälen, vierteln, die Kerngehäuse entfernen und das Fruchtfleisch in feine Würfel schneiden.

3 Alle Zutaten in eine Schüssel geben. Aus Essig, Öl und den Gewürzen ein Dressing bereiten und über die Salatzutaten geben. Alles gut mischen und 20 Minuten ziehen lassen. Mit Petersilie bestreut servieren. Zum Wurstsalat frisches Bauernbrot und Butter reichen.

Zubereitungszeit 20 Minuten
Pro Portion ca. 668 kcal/2804 kJ
28 g E · 60 g F · 7 g KH

Pichelsteiner Eintopf

Zutaten für 4 Personen

250 g Kalbfleisch (Brust), 250 g Schweinefleisch (Halsgrat), 2 große Beinscheiben mit Mark, 400 g Kartoffeln, 1 kleine Sellerieknolle, 1 Stange Porree, 4 Möhren, 2 Petersilienwurzeln, 2 große Zwiebeln, 400 g Wirsingstreifen, 2 El Öl, Salz, Pfeffer, 1 Tl Kümmel, 500 ml Fleisch- oder Gemüsebrühe, gehackte Petersilie

1 Das Fleisch waschen und würfeln. Das Mark aus den Knochen herauslösen und in Scheiben schneiden. Kartoffeln, Sellerie, Porree, Möhren und Petersilienwurzeln schälen, waschen und klein würfeln, den Porree in Scheiben schneiden.

2 Zwiebel schälen und in Ringe schneiden. Den Backofen auf 175 °C vorheizen.

3 Das Öl erhitzen und die Fleischwürfel darin braun braten, herausnehmen. Die Hälfte der Knochenmarkscheiben auf den Topfboden legen.

4 Schichtweise darauf Fleisch, Kartoffeln und Gemüse geben, jede Lage würzen. Mit den restlichen Knochenmarkscheiben abdecken, die Fleischbrühe zugießen.

5 Zugedeckt im Backofen etwa 1 1/2 bis 2 Stunden schmoren. Vor dem Servieren mit Petersilie bestreuen.

Zubereitungszeit 30 Minuten
(plus Garzeit)
Pro Portion ca. 567 kcal/2384 kJ
55 g E · 26 g F · 29 g KH

Suppen und Schmankerl

Radi mit Schnittlauchbrot

Zutaten für 4 Personen
2 Rettiche (ca. 450 g), Salz, 4 Scheiben frisches Roggenbrot, 1 El Butter, 1 Bund Schnittlauch, 3 El Sahne, 2 El Essig

1 Den Rettich putzen, waschen und schälen. Anschließend in feine Scheiben hobeln. Die Rettichscheiben in eine Schüssel legen und mit viel Salz bestreuen, damit das Wasser entzogen wird. Etwa 15 Minuten stehen lassen.

2 Die Brotscheiben mit Butter bestreichen. Den Schnittlauch waschen, trockenschütteln und in Röllchen schneiden. Die Schnittlauchröllchen auf den Broten verteilen.

3 Die Rettichscheiben samt ausgetretenem Wasser mit Sahne und Essig verrühren und nach Bedarf mit Salz abschmecken. Den Radi mit den Schnittlauchbroten servieren.

Zubereitungszeit 25 Minuten
Pro Portion ca. 141 kcal/592 kJ
4 g E · 4 g F · 22 g KH

Obazta

Zutaten für 4 Personen
350 g reifer Camembert, 175 g Frischkäse, 6 El Butter, Salz, Pfeffer, 1/2 Tl gemahlener Kümmel, 1/2 Tl edelsüßes Paprikapulver, 2 Zwiebeln, 3 El Bier

1 Den Camembert mit einer Gabel fein zerdrücken. Frischkäse unterheben und beide Käsesorten gut miteinander mischen.

2 Die Butter und die Gewürze unter die Käsemasse rühren.

3 Die Zwiebeln schälen und fein hacken. Zur Käsecreme geben. Zum Schluss das Bier darüber gießen und alles noch einmal gut vermischen.

4 Obazta mit Brot oder Brezeln und frischen Radieschen servieren.

Zubereitungszeit 20 Minuten
Pro Portion ca. 525 kcal/2205 kJ
24 g E · 47 g F · 3 g KH

Suppen und Schmankerl

Gedünstetes Kalbsherz

Zutaten für 4 Personen
1 Kalbherz, Salz, Pfeffer, 1 Möhre, 1 Petersilienwurzel, 1/2 Stange Porree, 1/2 Bund Petersilie, etwas Liebstöckel, 1/2 Tl abgeriebene Zitronenschale, Öl zum Braten, Brühe

1 Das Herz waschen und gut abtrocknen. Anschließend mit Salz und Pfeffer kräftig rundherum einreiben.

2 Für die Füllung die Möhre und die Petersilienwurzel schälen, waschen und fein hacken. Den Porree putzen, waschen und in Ringe schneiden. Die Petersilie und den Liebstöckel waschen, trockenschütteln und ebenfalls fein hacken.

3 Das Gemüse, die Kräuter und die abgeriebene Zitronenschale miteinander vermischen. Das Herz etwa 3 bis 4-mal quer einschneiden und die Gemüse-Kräuterfüllung hineingeben.

4 Etwas Öl in einem Bräter erhitzen und das Herz darin anbraten. Anschließend zugedeckt etwa 60 Minuten dünsten. Falls notwendig ab und zu etwas Brühe hinzugießen.

Zubereitungszeit 20 Minuten
(plus Garzeit)
Pro Portion ca. 121 kcal/508 kJ
8 g E · 8 g F · 5 g KH

Mehlspeisen

Mehlspeisen

Schinkenknödel

Zutaten für 4 Personen
6 Brötchen vom Vortag , 200 ml Milch,
1 Zwiebel, 1/2 Bund Petersilie, 1 El Butter,
2 Eier, Salz, abgeriebene Schale von 1/2 unbehandelten Zitrone, 125 g gekochter Schinken

1 Brötchen würfeln und in der erwärmten Milch etwa 30 Minuten einweichen.

2 Die Zwiebel schälen und würfeln. Die Petersilie waschen, trockenschütteln und fein hacken.

3 Die Butter in einer Pfanne erhitzen und die Zwiebel darin andünsten. Die Brötchen gut ausdrücken.

4 Alle Zutaten außer dem Schinken miteinander mischen und gut vermengen. Den Schinken fein würfeln und zum Schluss unter den Knödelteig heben.

5 In einem Topf Salzwasser erhitzen. Aus dem Knödelteig 12 Knödel formen und im kochenden Wasser etwa 15 Minuten garen. Danach aus dem Wasser heben und abtropfen lassen. Zu gemischten Pilzen (Schwammerln) servieren.

Zubereitungszeit 30 Minuten
(plus Einweichzeit)
Pro Portion ca. 313 kcal/1313 kJ
17 g E · 10 g F · 38 g KH

Dampfnudeln

Zutaten für 4 Personen
250 g Mehl, 125 ml Milch, 20 g Hefe, 50 g Zucker, 80 g Butter, 1 Ei, etwas abgeriebene Schale von 1 unbehandelten Zitrone, Salz, 150 g durchwachsener Speck, Vanillesauce zum Servieren

1 Das Mehl in eine Schüssel geben. Die Milch erwärmen. Die Hefe mit der Hälfte der Milch und dem Zucker verrühren. In das Mehl eine Mulde drücken und die Hefemilch hineinschütten. Zugedeckt an einem warmen Ort etwa 20 Minuten gehen lassen.

2 70 g Butter mit dem Ei, der Zitronenschale, dem Salz und der restlichen Milch zum Hefeteig geben und alles zu einem geschmeidigen Teig verkneten, bis dieser Blasen wirft. Aus dem Teig Klöße formen und unter einem Tuch weitere 20 Minuten gehen lassen.

3 In einen Bräter etwa 1 cm hoch Wasser einfüllen. Restliche Butter, je 1 Prise Salz und Zucker zugeben und aufkochen lassen. Die aufgegangenen Dampfnudeln hineinsetzen und zuerst bei mittlerer, dann bei geringer Temperatur etwa 20 Minuten bei geschlossenem Deckel ziehen lassen.

4 Speck würfeln und in einer Pfanne auslassen. Nach 20 Minuten sollten die Dampfnudeln an der Unterseite goldbraun sein. Deckel schnell abnehmen, sodass keine Wassertropfen auf die Nudeln fallen. Dampfnudeln aus dem Bräter nehmen und mit einer Gabel aufreißen. Speck hineingeben und mit Vanillesauce servieren.

Zubereitungszeit 45 Minuten
(plus Zeit zum Gehen)
Pro Portion ca. 513 kcal/2153 kJ
17 g E · 23 g F · 59 g KH

Mehlspeisen

Holzerschmaus

Zutaten für 4 Personen
100 g Mehl, 2 Eier, 125 ml Milch, Salz, 1 Prise Zucker, etwas Majoran, 1 kleine Zwiebel, Fett zum Braten, 5 Scheiben durchwachsener Speck

1 Aus dem Mehl, den Eiern, der Milch, etwas Salz und dem Zucker einen Pfannkuchenteig rühren. Den Teig 10 Minuten quellen lassen.

2 Inzwischen den Majoran waschen, trockenschütteln und fein hacken. Die Zwiebel schälen und in feine Ringe schneiden. Etwas Fett zum Braten in einer Pfanne erhitzen und die Zwiebel darin glasig dünsten, herausnehmen und beiseite stellen.

3 Anschließend die Speckscheiben in der Pfanne schön anbraten. Den Pfannkuchenteig langsam auf die Speckscheiben gießen.

4 Wenn die Masse fest wird, den Schmaus wenden und auf der anderen Seite noch 2 bis 3 Minuten braten lassen.

5 Mit den gerösteten Zwiebelringen und dem Majoran bestreuen und sofort servieren.

Zubereitungszeit 20 Minuten
(plus Zeit zum Quellen)
Pro Portion ca. 228 kcal/959 kJ
10 g E · 12 g F · 21 g KH

Mehlspeisen

Teigknödel

Zutaten für 4 Personen
500 g Mehl, Salz, 3 Eier, 0,4 l Milch, 4 Semmeln, 4 El Butterschmalz

1 Mehl in eine Schüssel sieben. Salz, Eier und Milch zugeben und alles zu einem glatten Teig verarbeiten, der schwer vom Löffel fällt.

2 Die Semmeln in Würfel schneiden und im heißen Butterschmalz goldgelb rösten. Dann unter den Teig mengen. Den Teig anschließend etwa 1 Stunde ziehen lassen.

3 In einem großen Topf Salzwasser zum Kochen bringen. Aus dem Teig Klöße formen und im Wasser abgedeckt etwa 25 Minuten kochen lassen.

4 Die Klöße aus dem Wasser nehmen, abtropfen lassen und sofort als Beilage oder Hauptgericht mit Salat servieren.

Zubereitungszeit 45 Minuten
(plus Zeit zum Ziehen)
Pro Portion ca. 685 kcal/2877 kJ
19 g E · 15 g F · 116 g KH

Kässpatzen

Zutaten für 4 Personen
500 g Mehl, 4 Eier, 250 ml Milch, Salz, 3 Zwiebeln, 2 El Butterschmalz, 250 g frisch geriebener Emmentaler

1 Das Mehl in eine Schüssel sieben. Eier, Milch, 250 ml Wasser und Salz zugeben und alles mit einem Holzlöffel zu einem zähflüssigen Teig schlagen, der Blasen wirft.

2 In einem großen Topf Wasser zum Kochen bringen. Mit einem Spätzlehobel oder einer Spätzlepresse Spätzle bereiten und im Wasser kochen, bis sie an die Oberfläche kommen. Dann abgießen und abtropfen lassen.

3 Den Backofen auf 200 °C (Umluft 180 °C) vorheizen. Die Zwiebeln schälen und in Ringe schneiden. Im heißen Butterschmalz goldgelb anrösten.

4 Die Spätzle abwechselnd mit dem Käse in eine Auflaufform schichten (die letzte Schicht besteht aus Käse) und die Zwiebeln darüber legen. Im Ofen etwa 20 Minuten überbacken.

Zubereitungszeit 20 Minuten
(plus Garzeit)
Pro Portion ca. 850 kcal/3570 kJ
41 g E · 34 g F · 94 g KH

Rohrnudeln

Zutaten für 4 Personen
500 g Mehl, 40 g Hefe, 250 ml Milch, 1 Ei, 140 g Butter, 75 g Zucker, Salz, 15–30 frische Zwetschgen, Butterschmalz, Butter, Zucker

1 Aus Mehl, Hefe, lauwarmer Milch, Ei, 75 g Butter, Zucker und 1 Prise Salz einen Hefeteig herstellen, zugedeckt etwa 20 Minuten gehen lassen.

2 Die Zwetschgen waschen, abtropfen lassen und entkernen.

3 Von dem Teig jeweils ein Teigstück abstechen und zu einer etwa 7 cm großen Kugel formen. Die Mitte eindrücken, mit 1 bis 2 Zwetschgen füllen und den Teig darüber wieder zusammenziehen.

4 Kugeln mit der Naht nach unten in eine mit Butterschmalz eingefettete Form legen, zugedeckt 20 Minuten gehen lassen. Den Backofen auf 200 °C vorheizen.

5 Restliche Butter zerlassen und Rohrnudeln damit bestreichen. Im vorgeheizten Backofen bei 200 °C etwa 30 Minuten backen. Herausnehmen und vor dem Servieren nach Geschmack mit Zucker bestreuen.

Zubereitungszeit 50 Minuten
(plus Zeit zum Gehen)
Pro Portion ca. 890 kcal/3738 kJ
19 g E · 38 g F · 117 g KH

Mehlspeisen

Gwichste Knödel

Zutaten für 4 Personen
500 g Roggen-Vollkornmehl, 1/4 Tl Salz, 3 El Butterschmalz, 1 Tl gehackte frische Petersilie

1 Das Mehl mit Salz und so viel Wasser mischen, dass ein fester Teig entsteht.

2 Vom Teig walnussgroße Stücke abreißen und zu Kugeln formen.

3 In einem Topf reichlich Salzwasser zum Kochen bringen und die Knödel darin in etwa 10 Minuten garen. Dann aus dem Topf nehmen und abtropfen lassen.

4 Das Butterschmalz in einer Pfanne schmelzen und die Knödel darin etwa 2 Minuten wenden, bis sie etwas Fett aufgenommen haben und glänzen. Mit Petersilie bestreut zu Schweinebraten oder Haxen servieren.

Zubereitungszeit 25 Minuten
Pro Portion ca. 433 kcal/1817 kJ
11 g E · 10 g F · 75 g KH

Mehlspeisen

Bayerische Schmalznudeln

Zutaten für 4 Personen
600 g Weizenmehl (Type 1050), 125 ml Milch, 1 Prise Salz, 4 El Quark, 300 g Butterschmalz

1 300 g Mehl mit der Milch mischen und zu einem Teig verarbeiten. Den Teig 2 Stunden zugedeckt ruhen lassen.

2 Anschließend restliches Mehl, Salz und Quark zum Teig geben und alles gut verkneten. Den fertigen Teig weitere 2 Stunden an einem warmen Ort ruhen lassen.

3 Butterschmalz in einem großen Topf erhitzen. Aus dem Teig etwa 8 bis 10 cm große Fladen formen und im heißen Butterschmalz nacheinander goldbraun ausbacken. Die Schmalznudeln sollten sich dabei aufblähen, sodass innen ein Hohlraum entsteht. Schmalznudeln als Beilage zu Suppen und Gemüse oder mit Zucker bestreut als Gebäck reichen.

Zubereitungszeit 35 Minuten
(plus Zeit zum Gehen)
Pro Portion ca. 1193 kcal/298 kJ
17 g E · 77 g F · 108 g KH

Semmelknödel

Zutaten für 4 Personen
10–12 altbackene Brötchen (Semmeln), Salz, 375 ml Milch, 1/2 Zwiebel, 1 El Butter, 2 El gehackte frische Petersilie, 4 kleine Eier

1 Die Brötchen in Würfel schneiden und leicht salzen. Die Milch erwärmen und über die Brötchen geben. Die Masse zugedeckt etwa 30 Minuten einweichen lassen.

2 Die Zwiebel schälen und fein hacken. Die Butter in einer kleinen Pfanne erhitzen und die Zwiebel darin glasig dünsten. Dann die Petersilie unterrühren.

3 Zwiebel und 1 Esslöffel Petersilie mit den Eiern zur Brötchenmasse geben und alles gut verkneten. In einem Topf Salzwasser aufkochen.

4 Aus dem Teig einen Probeknödel formen und ins kochende Wasser geben. Zerfällt er nicht, mit angefeuchteten Händen weitere Knödel (insgesamt ca. 8) aus dem Teig formen und in kochendem Wasser etwa 20 Minuten garen. Wenn der Knödel zerfällt, etwas Mehl in den Teig kneten. Die Knödel mit restlicher Petersilie bestreut servieren. Semmelknödel werden zu vielen Speisen wie Braten, Pilz- oder Gemüsegerichten gereicht.

Zubereitungszeit 45 Minuten
(plus Zeit zum Einweichen)
Pro Portion ca. 455 kcal/1911 kJ
20 g E · 14 g F · 63 g KH

Fleisch und Geflügel

Fleisch und Geflügel

Schweinebraten

Zutaten für 4 Personen
1 kg Schweinefleisch mit Schwarte (aus der Schulter), Salz, 1 Tl Nelken, 1 Bund Suppengemüse, 1 Zwiebel, 1 Lorbeerblatt, 4 Pfefferkörner, 1 Knoblauchzehe, 1 Tl Speisestärke, 1 Tl gekörnte Brühe, Pfeffer

1 Den Backofen auf 225 °C (Umluft 200 °C) vorheizen. Das Fleisch mit Salz einreiben. Mit der Schwarte nach unten in die Fettpfanne des Backofens setzen, mit 250 ml heißem Wasser begießen und 15 Minuten braten. Dann wenden und die Schwarte kreuzweise mit einem Messer einschneiden.

2 Den Braten auf der Oberseite mit Nelken spicken und weitere 50 Minuten braten. Dabei häufig mit dem Bratensaft begießen.

3 Inzwischen das Suppengemüse putzen, waschen und klein schneiden. Die Zwiebel schälen und in Würfel schneiden. Nach 40 Minuten Garzeit Gemüse, Zwiebel, Lorbeerblatt und Pfefferkörner zum Schweinebraten geben. Knoblauch schälen, fein hacken und ebenfalls zum Fleisch geben.

4 Alles weitere 15 Minuten garen. Dann das Fleisch mit Salzwasser bestreichen und aus dem Ofen nehmen. Warm stellen.

5 Den Bratenfond durch ein Sieb streichen. Die Speisestärke in wenig Wasser anrühren und die Sauce damit andicken. Mit gekörnter Brühe, Salz und Pfeffer abschmecken. Das Fleisch nach 10 Minuten Ruhezeit in Scheiben schneiden. Mit Knödeln und Salat servieren.

Zubereitungszeit 20 Minuten
(plus Bratzeit)
Pro Portion ca. 423 kcal/1775 kJ
52 g E · 22 g F · 4 g KH

Leberkäse

Zutaten für 4 Personen

600 g Rindfleisch, 200 g Schweinefleisch, 200 g Speck, 1 Zwiebel, Salz, Pfeffer, 1 El getrockneter Majoran, 1/2 Tl edelsüßes Paprikapulver, 3 El Butter

1 Die beiden Fleischsorten getrennt voneinander in der Küchenmaschine zerkleinern oder durch den Fleischwolf drehen. Den Speck ebenfalls zerkleinern. Die Zwiebel schälen und fein hacken.

2 Das Rinderhack auf eine Arbeitsfläche legen. Schweinehack, Speck und Zwiebeln darauf legen und die Gewürze hinzufügen. Dann das Ganze mit den Händen zu einem glatten Teig verarbeiten. Sollte er zu fest sein, etwa 250 ml Wasser zufügen. Den Fleischteig 1 Stunde kühl stellen.

3 Den Backofen auf 180 °C (Umluft 160 °C) vorheizen. Eine große Kastenform mit Butter einfetten. Den Fleischteig hineingeben und glatt streichen. Die Oberfläche mit einem Messer rautenförmig einritzen. Dann mit Wasser bepinseln und im Ofen etwa 1 Stunde backen.

Zubereitungszeit 20 Minuten
(plus Kühl- und Backzeit)
Pro Portion ca. 450 kcal/1890 kJ
49 g E · 28 g F · 2 g KH

Fleisch und Geflügel

Fleischpflanzerl

Zutaten für 4 Personen

2 Brötchen vom Vortag, 1 Zwiebel, 1/2 Bund gehackte frische Petersilie, 1/2 El Butter, 500 g gemischtes Hackfleisch, 2 Eier, Salz, Pfeffer, 1/2 Tl Majoran, 1/4 Tl edelsüßes Paprikapulver, 1 El Butterschmalz

1 Brötchen mit 100 ml heißem Wasser übergießen und einweichen. Zwiebel schälen und fein hacken. Butter in einer Pfanne erhitzen und Zwiebeln darin andünsten.

2 Hackfleisch mit Zwiebeln und Petersilie in eine Schüssel geben. Brötchen gut ausdrücken und dazugeben. Eier und Gewürze zugeben und alles zu einem glatten Fleischteig verarbeiten. Pikant abschmecken.

3 Aus dem Fleischteig mit feuchten Händen Fleischklöpse formen. Butterschmalz in einer Pfanne erhitzen und die Klöpse darin von beiden Seiten anbraten. Dann bei geringer Temperatur etwa 15 Minuten garen.

4 Die Fleischpflanzerl mit frisch geriebenem Meerrettich und Kartoffelsalat servieren.

Zubereitungszeit 40 Minuten
Pro Portion ca. 430 kcal/1806 kJ
28 g E · 30 g F · 13 g KH

Fleisch und Geflügel

Münchner Sauerbraten

Zutaten für 4 Personen
350 ml Weinessig, 1 Zwiebel, 2 Bund Suppengrün, 1 Lorbeerblatt, 2 Nelken, 4 Wacholderbeeren, je 3/4 Tl Rosmarin und Thymian, Salz, Pfeffer, 1 kg Rindfleisch, 75 g Speck, 3 El Butterschmalz, 1 Stück Sauerteig-Brotrinde, 200 ml Crème fraîche

1 Essig in 350 ml Wasser aufkochen. Zwiebel schälen und in Ringe schneiden. Suppengemüse putzen, waschen und klein schneiden. Zwiebel, Gemüse und Gewürze in das Essigwasser geben und aufkochen lassen. Fleisch in dieser Marinade etwa 5 Tage ziehen lassen. Danach aus dem Sud nehmen und abtrocknen.

2 Backofen auf 200 °C (Umluft 180 °C) vorheizen. Speck in dünne Streifen schneiden und das Fleisch damit spicken. Schmalz in einem Bräter erhitzen und das Fleisch darin von allen Seiten anbraten. 500 ml Marinade mit Zwiebeln, Gemüse, Gewürzen und Brotrinde zugeben.

3 Braten im Ofen etwa 2 Stunden backen. Gelegentlich mit dem Bratensaft übergießen. Aus dem Bräter nehmen und warm stellen. Bratensauce durch ein Sieb streichen. Die Crème fraîche unterrühren und die Sauce dick einkochen lassen. Mit Salz und Pfeffer abschmecken. Das Fleisch in Scheiben schneiden und mit der Sauce anrichten. Dazu passen Knödel.

Zubereitungszeit 30 Minuten
(plus Schmor- und Bratzeit)
Pro Portion ca. 653 kcal/2741 kJ
55 g E · 46 g F · 5 g KH

Saure Haxen

Zutaten für 4 Personen
2 gepökelte Schweinehaxen, 1 Zwiebel,
2 Gewürznelken, 1 Bund Suppengrün,
6 Pfefferkörner, 4 Wacholderbeeren, 3 El Essig

1 Haxen gut waschen. Zwiebel schälen und halbieren. Jede Zwiebelhälfte mit 1 Gewürznelke spicken. Das Suppengemüse putzen, waschen und klein schneiden.

2 Schweinehaxen mit 3 l Wasser, Zwiebeln, Gewürzen und Essig in einen Topf geben und aufkochen. Den Topf mit einem Deckel verschließen und die Haxen etwa 2 Stunden und 30 Minuten garen.

3 Nach Ende der Garzeit die Haxen aus dem Sud nehmen und das Fleisch von den Knochen lösen.

4 Das Fleisch auf 4 Teller verteilen und mit etwas Kochbrühe begießen. Die sauren Schweinehaxen mit Kartoffelbrei servieren.

Zubereitungszeit 15 Minuten
(plus Garzeit)
Pro Portion ca. 258 kcal/1082 kJ
28 g E · 15 g F · 4 g KH

Fleisch und Geflügel

Gefüllte Kalbsbrust

Zutaten für 4 Personen

1, 2 kg ausgelöste Kalbsbrust, 300 g Kalbsknochen, 1 Bund Suppengrün, 3 Brezeln, 250 ml Milch, 3 Zwiebeln, 1 1/2 Bund Petersilie, 100 g braune Champignons, 100 g Austernpilze, 100 g Butter, Saft und abgeriebene Schale von 1/2 Zitrone, 1 El Semmelbrösel, 2 Eier, Salz, Pfeffer, Muskatnuss, Öl zum Braten, 1 Möhre, 4 El Weißwein

1 Fettschicht auf dem Fleisch bis auf 3 cm abschneiden. Knochen waschen, Suppengrün putzen und grob zerkleinern. Fett, Knochen und Suppengrün mit 1/2 l Wasser zum Kochen bringen. Zugedeckt 2 Stunden köcheln lassen. Brühe durchsieben und entfetten.

2 Für die Füllung die Brezeln grob zerschneiden und mit kochend heißer Milch begießen. Zugedeckt ziehen lassen. Inzwischen 2 Zwiebeln schälen und fein hacken. Die Petersilie waschen, trockenschütteln und fein hacken. Die Pilze putzen, sauber bürsten und klein schneiden.

3 2 Esslöffel Butter erhitzen und Zwiebel, Petersilie und Pilze darin 5 Minuten braten. Restliche Butter mit Zitronensaft und Zitronenschale schaumig rühren. Nacheinander Brezeln, Eier, Pilze und Semmelbrösel darunter mischen. Mit Salz, Pfeffer und Muskat abschmecken. Die Kalbsbrust damit füllen und die Öffnung verschließen. In heißem Öl anbraten und die Hälfte der Kalbsbrühe hinzugießen. Zugedeckt im Backofen bei 200 °C etwa 1 1/2 Stunden schmoren lassen.

4 Restliche Zwiebel und Möhre schälen, würfeln, hinzufügen und alles 1 weitere Stunde schmoren lassen. Fleisch immer wieder mit Brühe begießen. Kalbsbrust warm stellen und Bratenfond passieren. Sauce einköcheln lassen, mit Wein abschmecken und zur Kalbsbrust servieren.

Zubereitungszeit 30 Minuten
(plus Garzeit)
Pro Portion ca. 808 kcal/3392 kJ
74 g E · 41 g F · 36 g KH

Bayerisches Tellerfleisch

Zutaten für 4 Personen
1/2 Bund Schnittlauch, 200 ml Rinderbrühe, 2 Eigelbe, 750 g gekochte Ochsenbrust, 1 Stück frischer Meerrettich, 4 kleine Gewürzgurken, 1 Tomate, etwas Petersilie

1 Schnittlauch waschen, trockenschütteln und fein hacken. Die Brühe erhitzen und mit 2 Eigelben legieren, dazu etwa 4 Esslöffel der heißen Brühe mit den Eigelben verrühren und anschließend alles in die restliche Brühe rühren.

2 Das gegarte heiße Fleisch in dünne Scheiben schneiden und jeweils 3 bis 4 Scheiben davon auf einem Teller anrichten.

3 Die legierte Brühe über das Fleisch verteilen und mit dem Schnittlauch bestreuen.

4 Den Meerrettich schälen, reiben und etwas auf den Teller geben. Die Gewürzgurken blättrig schneiden und ebenfalls auf den Teller legen. Die Tomaten waschen, den Stängelansatz entfernen, vierteln, zum Fleisch geben und alles mit Petersilie garnieren.

Zubereitungszeit 20 Minuten
Pro Portion ca. 435 kcal/1827 kJ
42 g E · 26 g F · 8 g KH

Fleisch und Geflügel

Kalbsrouladen

Zutaten für 4 Personen
1 Zwiebel, 1 Knoblauchzehe, 125 g Dörrfleisch, 1 El Butter, 4 Kalbsschnitzel, 1 El Senf, Salz, Pfeffer, 1/2 Tl gerebelter Salbei, 250 ml Weißwein, 1 El Mehl, 125 ml Crème fraîche

1 Zwiebel und Knoblauch schälen und in kleine Würfel schneiden. Das Dörrfleisch ebenfalls fein würfeln. Die Butter in einem Bräter erhitzen und die Dörrfleischwürfel darin anbraten. Zwiebel und Knoblauch dazugeben und mitschmoren.

2 Die Kalbsschnitzel flach klopfen, mit Salz und Pfeffer würzen und mit dem Senf bestreichen. Dann die Zwiebel-Speck-Masse auf den Schnitzeln verteilen und den Salbei darüber streuen. Die Schnitzel zusammenrollen und mit Rouladennadeln zusammenstecken.

3 Die Kalbsrouladen im Bräter von allen Seiten anbraten, mit dem Wein ablöschen und etwa 15 Minuten schmoren. Anschließend das Mehl über das Fleisch streuen. Crème fraîche dazugeben und alles unter Rühren aufkochen lassen. Die Kalbsrouladen mit Gemüse und Kartoffeln servieren.

Zubereitungszeit 40 Minuten
Pro Portion ca. 308 kcal/1292 kJ
28 g E · 15 g F · 4 g KH

Fleisch und Geflügel

Schweinshaxen mit Kraut

Zutaten für 4 Personen

4 frische Schweinshaxen, Salz, Pfeffer, 2 Zwiebeln, 4 El Butterschmalz, 1 Bund Radieschen zum Garnieren

1 Die Schweinshaxen waschen, trockentupfen und die Schwarte mit einem scharfen Messer kreuzweise einschneiden, damit beim Braten das Fett austreten kann. Die Haxen von allen Seiten mit Salz und Pfeffer einreiben. Den Backofen auf 200 °C (Umluft 180 °C) vorheizen.

2 Die Zwiebeln schälen und halbieren. Das Butterschmalz in einen großen Bräter geben. Die Haxen mit den Zwiebeln hineinlegen und mit etwa 250 ml Wasser übergießen. Haxen im Ofen etwa 2 Stunden 30 Minuten backen. Während des Garens die Haxen mehrmals wenden und mit Bratensaft begießen.

3 15 Minuten vor Ende der Garzeit die Haxen aus dem Bräter nehmen und auf Küchenpapier abtupfen. Den Backofengrill auf höchster Stufe einschalten und die Haxen unter dem Grill knusprig braun werden lassen.

4 Schweinshaxen mit Bayerisch Kraut (siehe Seite 104) servieren. Radieschen waschen und in Scheiben schneiden. Auf den Tellern dekorativ anrichten.

Zubereitungszeit 15 Minuten
(plus Garzeit)
Pro Portion ca. 548 kcal/2299 kJ
52 g E · 37 g F · 2 g KH

Fleisch und Geflügel

Gefüllte Pute

Zutaten für 4 Personen
1 Baby-Pute (ca. 4 kg) mit Innereien, Salz, Pfeffer, 2 Brötchen vom Vortag, 200 ml Milch, 2 Zwiebeln, 2 Bund gehackte glatte Petersilie, 100 g Butter, 400 g gemischtes Hackfleisch, 3 Eier, 1 Tl getrockneter Beifuß, 1 Tl getrockneter Thymian, 1 Tl getrockneter Majoran, 1 Bund zerkleinertes Suppengrün, 125 ml Rotwein, 1 El gekörnte Rinderbrühe, 100 ml Sahne

1 Pute mit Salz und Pfeffer einreiben. Brötchen in warmer Milch einweichen. Zwiebeln schälen und hacken. 3 El Butter erhitzen und die Zwiebeln darin glasig dünsten. Die Petersilie dazugeben und kurz mitdünsten. Innereien der Pute waschen und fein hacken. Die Brötchen gut ausdrücken. Das Hackfleisch mit Innereien, Brötchen, Zwiebeln, Petersilie und Eiern vermischen. Kräuter dazugeben und mit Salz und Pfeffer abschmecken.

2 Fleischteig in die Pute füllen und diese zunähen. Backofen auf 150 °C (Umluft 130 °C) vorheizen. Alufolie mit Öl einpinseln die Pute einwickeln, in den Ofen auf den Rost legen. In eine Fettpfanne darunter das Suppengrün und etwas Wasser geben und etwa 1 Stunde garen. Pute aus der Folie wickeln und auf den Rost legen. Bei 200 °C (Umluft 180 °C) weitere 2 Stunden braten.

3 Restliche Butter schmelzen und Pute damit einstreichen. Ab und zu mit Wasser bestreichen. Den Bratenfond aus der Fettpfanne durchseihen. Rotwein und Rinderbrühe zugeben und 2 Minuten köcheln lassen. Mit Salz und Pfeffer abschmecken und mit Sahne binden.

Zubereitungszeit 30 Minuten
(plus Garzeit)
Pro Portion ca. 990 kcal/4158 kJ
62 g E · 72 g F · 20 g KH

Fasan mit Wacholder

Zutaten für 4 Personen
2 junge Fasane mit Innereien, Salz, Pfeffer,
2 Brötchen, 1/2 Bund Kerbel, 1 Apfel, 2 Eier,
20 grüne Wacholderbeeren, 1 El Armagnac,
4 El Butter, 2 große Scheiben fetter Speck,
2 El Butterschmalz

1 Fasane innen und außen mit Salz und Pfeffer einreiben. Die Brötchen in warmem Wasser einweichen und nach 10 Minuten ausdrücken. Kerbel waschen, trockenschütteln und fein hacken. Äpfel waschen, schälen, vom Kerngehäuse befreien und das Fruchtfleisch in kleine Würfel schneiden.

2 Innereien der Fasane waschen und fein hacken. Mit Brötchen, Kerbel, Apfel, Eiern, Wacholderbeeren und Butter vermengen und zu einem Teig verarbeiten. Salz, Pfeffer und Armagnac hinzufügen.

3 Den Backofen auf 220 °C (Umluft 200 °C) vorheizen. Die Fasane mit der Farce füllen und zunähen. Jeden Fasan mit einer Speckscheibe umwickeln. Das Butterschmalz in einem Bräter erhitzen und die Fasane hineinlegen.

4 Die Fasane im Ofen etwa 25 Minuten knusprig braten. Dann den Speck entfernen, die Fasane mit etwas Bratenfond begießen und weitere 10 Minuten braten. Fasane herausnehmen, Bratenfond mit etwas Wein loskochen und mit Salz und Pfeffer abschmecken. Die gebratenen Fasane mit Kraut und Fingernudeln servieren.

Zubereitungszeit 60 Minuten
Pro Portion ca. 373 kcal/1565 kJ
25 g E · 23 g F · 18 g KH

Fleisch und Geflügel

Gefüllte Gans

Zutaten für 4 Personen

600 g Maronen, 500 g Äpfel, Saft von 1 Zitrone, 2 El Butter, Salz, 1 El Zucker, 125 ml Hühnerbrühe, 1 küchenfertige Gans (ca. 4 kg), Pfeffer, 1 Majoranzweig, 125 ml helles Bier

1 Den Backofen auf 200 °C (Umluft 180 °C) vorheizen. Maronen mit einem Messer einritzen und auf einem Backblech im Ofen etwa 20 Minuten backen. Äpfel waschen, schälen, von den Kerngehäusen befreien und in Würfel schneiden. In eine Schüssel legen und mit kaltem Wasser und Zitronensaft übergießen. Maronen aus dem Ofen nehmen, schälen und halbieren. Backofen nicht ausschalten. Butter in einem Topf erhitzen. Apfelscheiben abtropfen lassen und in den Topf zur Butter geben. Maronen, Zucker und etwas Salz zufügen und einige Minuten köcheln lassen. Brühe angießen und alles weitere 5 Minuten köcheln. Dann den Topf vom Herd nehmen.

2 Gans waschen, trockentupfen und innen und außen mit Salz und Pfeffer einreiben. Majoran waschen, trockenschütteln und in die Gans geben. Maronen-Apfel-Füllung hineinfüllen und die Gans zunähen. Mit der Brust nach oben in einen Bräter legen und mit 750 ml kochendem Wasser übergießen. Im Ofen auf der unteren Schiene 1 Stunde braten. Danach wenden und mit einer Gabel einstechen, damit das Fett abfließen kann. Gans öfter mit Bratenfett begießen.

3 Nach etwa 3 Stunden die Gans mit dem Bier übergießen und 10 Minuten knusprig braten. Gans aus dem Bräter nehmen und ruhen lassen. Fond aufkochen und Fett abschöpfen. Sauce einkochen lassen und mit Salz und Pfeffer abschmecken. Zur Gans passen Knödel.

Zubereitungszeit 55 Minuten
(plus Bratzeit)
Pro Portion ca. 935 kcal/3927 kJ
32 g E · 55 g F · 76 g KH

Wildgerichte

Wildgerichte

Hasenrücken mit Pilzen

Zutaten für 4 Personen

1 gespickter Hasenrücken mit fettem Speck (ca. 750–800 g), 250 g gemischte Waldpilze, 1 Zwiebel, 100 g Butterschmalz, 5 El Butter, 250 ml Wildfond, 1 El Sahne, 250 ml trockener Rotwein, 2 cl Sherry

1 Die Waldpilze waschen und abtropfen lassen. Dann klein schneiden. Die Zwiebel schälen und hacken.

2 Das Butterschmalz in einer Pfanne erhitzen und den Hasenrücken mit der gespickten Seite nach unten hineinlegen. Etwa 7 Minuten gut anbraten, dann wenden und von der anderen Seite genauso lange kräftig anbraten. Während des Bratens den Hasenrücken öfter mit dem Bratfett übergießen. Den Braten aus der Pfanne nehmen und warm stellen.

3 2 El Butter in einer zweiten Pfanne erhitzen und die Zwiebel mit den Pilzen darin andünsten. Die Mischung mit dem Wildfond in das Bratfett geben und unter Rühren aufkochen lassen. Die Sauce etwas andicken lassen.

4 Die Sauce mit Sahne, Wein und Sherry verfeinern und erneut aufkochen. Das Fleisch aufschneiden und von den Knochen lösen. Mit Pilzen und Sauce zu Spätzle oder frisch gemachten Nudeln servieren.

Zubereitungszeit 45 Minuten
Pro Portion ca. 558 kcal/2342 kJ
29 g E · 43 g F · 4 g KH

Geschmorte Hasenkeulen

Zutaten für 4 Personen
100 g Speck, 4 küchenfertige Hasenkeulen, 2 El Zitronensaft, 450 ml Rotwein, 1 Zwiebel, 3 El Butterschmalz, 1/2 Tl getrockneter Thymian, Salz, Pfeffer, 125 ml Wildfond, 5 El Schmand, 1 El Mehl, 1/4 Tl Wacholderbeerpulver

1 Den Speck in Streifen schneiden. In die Hasenkeulen mit einem Messer kleine Einschnitte machen und mit den Speckstreifen spicken. Aus Zitronensaft und Rotwein eine Marinade rühren und die Hasenkeulen darin etwa 12 Stunden einlegen. Dann herausnehmen und trockentupfen.

2 Die Zwiebel schälen und in Ringe schneiden. Das Butterschmalz in einem Bräter erhitzen und die Zwiebelringe darin andünsten. Die Hasenkeulen dazugeben und von allen Seiten gut anbraten. Mit Thymian, Salz und Pfeffer würzen. Dann Marinade und Wildfond zugießen und die Keulen darin abgedeckt etwa 1 Stunde 30 Minuten garen. Nach dem Garen herausnehmen und warm stellen.

3 Den Schmand zum Bratensatz geben und unter Rühren loskochen. Das Mehl in wenig Wasser anrühren und die Sauce damit andicken. Die Sauce nochmals mit Salz und Pfeffer abschmecken. Die Hasenkeulen mit der Sauce servieren. Dazu passen Kartoffelklöße.

Zubereitungszeit 20 Minuten
(plus Marinier- und Garzeit)
Pro Portion ca. 323 kcal/1355 kJ
19 g E · 17 g F · 7 g KH

Wildgerichte

Rehragout in Buttermilch

Zutaten für 4 Personen
1 Zwiebel, 2 Knoblauchzehen, 350 ml Buttermilch, 350 ml trockener Rotwein, 1/2 Tl edelsüßes Paprikapulver, 1/4 Tl Rosenpaprika, 1 Lorbeerblatt, 4 Wacholderbeeren, 4 Pimentkörner, 3 Nelken, 1 Prise Zucker, 800 g Rehfleisch aus der Schulter, 4 El Butterschmalz, Salz, Pfeffer, 1 El Speisestärke

1 Zwiebel und Knoblauch schälen und vierteln. Aus Buttermilch, Wein, 250 ml Wasser, Zwiebel, Knoblauch, Paprikapulver, Rosenpaprika, Lorbeer, Wacholder, Piment, Nelken und Zucker eine Marinade herstellen. Das Rehfleisch darin 4 Tage einlegen.

2 Das Fleisch aus der Marinade nehmen, trockentupfen und in mundgerechte Stücke schneiden. Marinade durchsieben und auffangen.

3 Den Backofen auf 200 °C (Umluft 180 °C) vorheizen. Das Butterschmalz in einem Bräter erhitzen und die Rehfleischstücke darin scharf anbraten. Die Zwiebel aus der Marinade zufügen und mit schmoren. 3/4 der Marinade zugießen und mit Salz und Pfeffer würzen.

4 Den Bräter in den Ofen stellen und das Rehragout etwa 1 Stunde 30 Minuten schmoren, bis es weich ist. Die Speisestärke in etwas Wasser anrühren und die Sauce damit andicken. Das Rehragout mit Nudeln und Backpflaumenkompott oder Blaukraut servieren.

Zubereitungszeit 25 Minuten
(plus Marinier- und Garzeit)
Pro Portion ca. 388 kcal/1628 kJ
37 g E · 16 g F · 10 g KH

Wildgerichte

Frischlingskeule mit Dörrobst

Zutaten für 4 Personen
1,5 kg Frischlingskeule, 150 g Speck, Salz, Pfeffer, 4 El Butterschmalz, 1/2 Tl gemahlener Piment, 500 ml Wildfond, 250 ml Rotwein, 500 g Dörrobst, 1 cl Cognac, 1 El Speisestärke, 100 g Crème fraîche

1 Die Keule mit Salz und Pfeffer würzen. Den Speck in Streifen schneiden und die Keule damit spicken. Dazu im Fleisch mit dem Messer kleine Einschnitte anbringen.

2 Das Butterschmalz in einem Bräter erhitzen und die Keule darin von allen Seiten gut anbraten. Den Piment zugeben, mit Wildfond ablöschen und die Keule abgedeckt etwa 1 Stunde schmoren.

3 Nach 20 Minuten Garzeit den Rotwein zugeben und weitere 20 Minuten später das Dörrobst hinzufügen. Nach der Garzeit die Keule aus dem Bräter nehmen und warm stellen.

4 Den Bratensatz mit etwas Wasser loskochen und mit dem Cognac verfeinern. Die Speisestärke in etwas Wasser auflösen und den Bratensatz unter Rühren damit andicken. Crème fraîche unterrühren und die Sauce mit Salz und Pfeffer abschmecken.

5 Die Frischlingskeule mit Salzkartoffeln und Dörrobstsauce servieren. Dazu Rosenkohl reichen.

Zubereitungszeit 25 Minuten
(plus Garzeit)
Pro Portion ca. 813 kcal/3413 kJ
44 g E · 37 g F · 73 g KH

Wildgerichte

Hirschgulasch nach Jägerart

Zutaten für 4 Personen
1 kg Hirschkeule, 100 g Schinkenspeck, 2 Zwiebeln, 1 El Butterschmalz, 1/2 Tl edelsüßes Paprikapulver, 2 El Kräuterschnaps, 100 ml Portwein, 250 ml Wildfond, Salz, 1 Tl getrockneter Thymian, 5 Wacholderbeeren, Pfeffer, 1 Bouquet garni (Strauß verschiedener Kräuter), 150 g Pfifferlinge, 1 El Butter, 2 El gehackte frische Petersilie, 3 El Preiselbeeren, 200 ml Schmand

1 Die Hirschkeule in Würfel schneiden. Den Schinkenspeck fein würfeln. 1 Zwiebel schälen und fein hacken. Butterschmalz erhitzen und Speck sowie Zwiebeln etwa 3 Minuten darin andünsten. Fleischwürfel zugeben und gut anbraten. Paprikapulver über das Fleisch streuen und mit Kräuterschnaps und Portwein übergießen. Kurz aufkochen lassen, dann den Fond, die Gewürze und das Kräutersträußchen zugeben. Den Gulasch abgedeckt etwa 1 Stunde schmoren lassen.

2 Nach 40 Minuten Garzeit Pfifferlinge sorgfältig putzen und soweit notwendig klein schneiden. Zweite Zwiebel schälen und hacken. Butter in einer Pfanne erhitzen und die Zwiebel mit den Pilzen darin andünsten. Mit Salz und Pfeffer würzen und etwa 10 Minuten schmoren. Dann die Petersilie untermischen.

3 Hirschgulasch nach Ablauf der Garzeit aus dem Topf heben und warm stellen. Kräuter und Wacholderbeeren entfernen und den Bratensatz aufkochen. Preiselbeeren und Schmand unter Rühren dazugeben und die Sauce mit dem Gulasch vermengen. Pilze vorsichtig unterheben. Das Hirschgulasch mit Spätzle servieren.

Zubereitungszeit 30 Minuten
(plus Garzeit)
Pro Portion ca. 483 kcal/2027 kJ
46 g E · 26 g F · 7 g KH

Gefüllte Hirschkeule

Zutaten für 4 Personen
1,5 kg Hirschkeule ohne Knochen, 1 altbackener Semmel, etwas Milch, 200 g Waldpilze, 1 Ei, Salz, Pfeffer, 100 g Butterschmalz, 1 Bund Suppengemüse, 1 Zwiebel, 250 ml Rotwein, 250 ml Wildfond, 5 Pfefferkörner, 4 Wacholderbeeren, 120 g Schmand

1 Backofen auf 170 °C vorheizen. Fleisch mit Salz und Pfeffer einreiben. Semmel in Milch einweichen. Pilze sauber bürsten, klein schneiden. Semmel mit Pilzen, Ei und Pfeffer und Salz verkneten. Die Keule damit füllen und die Öffnung zustecken.

2 Butterschmalz erhitzen, die Keule darin anbraten. Das Suppengemüse putzen, waschen und klein schneiden. Die Zwiebel schälen und in Ringe schneiden. Suppengemüse und Zwiebel mit Rotwein, Wildfond und den Gewürzen zum Fleisch geben.

3 Zugedeckt im Backofen etwa 1 Stunde 30 Minuten garen. Zwischendurch die Keule mit dem Bratensaft begießen.

4 Die Keule aus dem Bräter nehmen und warm stellen. Bratenfond passieren und etwas einkochen. Den Schmand unterrühren und die Sauce abschmecken. Die gefüllte Keule mit Kartoffelnudeln oder Klößen servieren.

Zubereitungszeit 30 Minuten
(plus Schmor- und Bratzeit)
Pro Portion ca. 373 kcal/1565 kJ
39 g E · 18 g F · 11 g KH

Kaninchen in Biersauce

Zutaten für 4 Personen
*2 küchenfertige Kaninchen, Salz, Pfeffer,
5 El Butterschmalz, 2 Zwiebeln, 1 El Honig,
200 ml helles Weizenbier, 400 ml Wildfond,
1 Bund gehackten frischen Thymian,
100 g Backpflaumen ohne Stein*

1 Die Kaninchen zerteilen und alle Teile mit Salz und Pfeffer würzen. Das Fett in einem großen Bräter erhitzen und die Fleischstücke darin von allen Seiten gut anbraten.

2 Die Zwiebeln schälen und in grobe Ringe schneiden. In den Bräter geben und mitschmoren. Den Honig zugeben und die Zwiebeln darin 2 Minuten wenden. Das Weizenbier angießen und unter Rühren verkochen lassen.

3 Die Hälfte des Wildfonds und des Thymians zum Fleisch und den Zwiebeln geben und alles etwa 1 Stunde 45 Minuten bei geringer Temperatur schmoren. Nach und nach den restlichen Fond und eventuell etwas Wasser zugießen.

4 Nach Ende der Garzeit die Pflaumen zugeben und etwa 5 Minuten mitköcheln. Den restlichen Thymian in die Sauce rühren und mit Salz und Pfeffer abschmecken. Dazu schmecken Nudeln.

Zubereitungszeit 25 Minuten
(plus Garzeit)
Pro Portion ca. 413 kcal/1733 kJ
24 g E · 24 g F · 20 g KH

Wildgerichte

Gamsnüsschen

Zutaten für 4 Personen
700 g Gamsnüsschen aus der Keule, Salz, Pfeffer, 2 El Butterschmalz, 125 ml Rotwein, 500 ml Kalbsfond, 60 g Butter, 3 El Sahne

1 Das Fleisch in 1 cm dicke Scheiben schneiden und mit Salz und Pfeffer einreiben.

2 Butterschmalz in einer Pfanne erhitzen und die Nüsschen darin von beiden Seiten braten, bis sie rosa sind. Fleisch aus der Pfanne nehmen und warm stellen.

3 Den Rotwein in die Pfanne gießen und den Bratensatz damit loskochen. Dann den Fond zugießen und die Sauce zur Hälfte einkochen lassen. Dann durch ein Sieb passieren und in einen Mixer füllen.

4 Butter und Sahne zur Sauce geben und alles gut durchmischen. Die Sauce danach in einen Topf geben, erhitzen und abschmecken. Gamsnüsschen mit Sauce servieren. Dazu passen Knödel.

Zubereitungszeit 40 Minuten
Pro Portion ca. 458 kcal/1922 kJ
49 g E · 27 g F · 2 g KH

Wildgerichte

Gamskeule in Rotweinsauce

Zutaten für 4 Personen

2 Knoblauchzehen, 1 Gamskeule (ca. 2 kg), 350 ml trockener Rotwein, 100 g fetter Speck in Scheiben, 2 El Butterschmalz, 1 Zwiebel, 1 Bund Suppengrün, Salz, Pfeffer, 1 Tl getrockneter Rosmarin, 4 Wacholderbeeren, 1 El Quittengelee

1 Die Knoblauchzehen schälen und halbieren. Die Gamskeule mit Knoblauch spicken, in eine Schüssel legen und mit dem Rotwein übergießen. Die Keule darin etwa 2 Tage marinieren.

2 Den Backofen auf 220 °C (Umluft 200 °C) vorheizen. Die Keule aus der Marinade nehmen und trockentupfen. Die Speckscheiben um die Keule legen und mit Zahnstochern feststecken. Das Butterschmalz in einem Bräter erhitzen und die Gamskeule darin von allen Seiten gut anbraten.

3 Die Zwiebel schälen und vierteln, das Suppengemüse putzen, waschen und kleinschneiden. Gemüse und Zwiebel zur Keule geben und mit Salz und Pfeffer würzen. Rosmarin und Wacholderbeeren zufügen und die Marinade angießen. 200 ml Wasser zugeben und die Keule im Ofen etwa 1 Stunde 30 Minuten abgedeckt schmoren.

4 Nach 1 Stunde Garzeit den Deckel abheben und die Gamskeule von oben bräunen lassen. Keule aus dem Bräter nehmen und warm stellen. Bratenfond passieren und mit Quittengelee verfeinern.

Zubereitungszeit 25 Minuten
(plus Marinier- und Bratzeit)
Pro Portion ca. 580 kcal/2436 kJ
39 g E · 41 g F · 6 g KH

Fischgerichte

Donaukarpfen blau

Zutaten für 4 Personen
1 küchenfertiger Karpfen (ca. 800 g), 250 ml Essig, Salz, 2 Zitronenscheiben, 2 Salbeiblätter, 5 Pfefferkörner, 1 Lorbeerblatt, 2–3 Petersilienzweige, Zitronenachtel zum Servieren

1 Den Fisch vorsichtig waschen. Dann in eine Schüssel legen und mit Essig übergießen. Etwa 30 Minuten ziehen lassen.

2 In einem Topf etwa 3 Liter Salzwasser erwärmen und Zitronenscheiben, Salbei, Pfefferkörner und Lorbeerblatt hineingeben. Den Fisch hinzufügen und darauf achten, dass er vollständig mit Flüssigkeit bedeckt ist.

3 Das Wasser aufkochen, die Temperatur herunterschalten und den Fisch etwa 15 bis 20 Minuten im Sud garziehen lassen.

4 Den Fisch aus dem Sud heben, abtropfen lassen und auf einer vorgewärmten Platte anrichten. Mit Petersilienzweigen garnieren. Karpfen blau mit Zitronenachteln, Salzkartoffeln und zerlassener Butter servieren.

Zubereitungszeit 35 Minuten
(plus Zeit zum Ziehen)
Pro Portion ca. 243 kcal/1022 kJ
37 g E · 10 g F · 2 g KH

Fischgerichte

Saiblinge mit Kräuterbutter

Zutaten für 4 Personen
300 ml trockener Weißwein, Salz, 1 El Essig, Saft von 1 Zitrone, 1/2 Bund Dill, 4 küchenfertige Saiblinge, 80 g Butter, 50 g Kräuterbutter, 1/2 Bund gehackte frische Petersilie

1 Den Weißwein mit Salz, 1, 5 l Wasser, Essig und Zitronensaft mischen und in einem Topf aufkochen. Den Dill waschen und in den Sud geben. Alles etwa 5 Minuten köcheln.

2 Die Fische gut waschen und in den Sud legen. Darin etwa 20 Minuten ziehen lassen, nicht kochen.

3 Die Butter mit der Kräuterbutter verrühren und in einem Topf langsam schmelzen. Die Petersilie unterrühren.

4 Die Saiblinge aus dem Sud nehmen und auf 4 Teller anrichten. Mit etwas Sud, der Kräuterbutter und Zitronenscheiben servieren. Als Beilage Salzkartoffeln reichen.

Zubereitungszeit 35 Minuten
Pro Portion ca. 298 kcal/1250 kJ
8 g E · 26 g F · 2 g KH

Fischgerichte

Tegernsee-Felchen

Zutaten für 4 Personen
4 küchenfertige Felchen, Salz, 4 mittlere Zwiebeln, 1/2 Bund Kerbel, 100 g Mehl, 100 g Butter, 750 ml saure Sahne, 1/2 Bund Dill, 1/2 Bund Petersilie, Pfeffer

1 Die Felchen waschen, trockentupfen und innen und außen mit Salz einreiben. Die Zwiebeln schälen und fein hacken. Kerbel waschen, trockenschütteln und hacken. Zwiebeln und Kerbel in die Fische füllen.

2 Mehl auf einen Teller geben und die Felchen darin wenden. Die Butter in einer großen Pfanne erhitzen, die Fische darin von allen Seiten etwa 20 Minuten braten und öfter wenden, bis sie gut mit Fett überzogen sind.

3 Dill und Petersilie waschen, trockenschütteln und hacken. Fische aus der Pfanne nehmen und warm stellen. Den Bratensatz mit der sauren Sahne aufkochen, die Kräuter unterrühren und mit Salz und Pfeffer abschmecken. Felchen mit der Sahnesauce und Brot servieren.

Zubereitungszeit 40 Minuten
Pro Portion ca. 675 kcal/2835 kJ
26 g E · 49 g F · 33 g KH

Fischgerichte

Hechtkoteletts mit Kraut

Zutaten für 4 Personen

4 El Butterschmalz, 500 g Sauerkraut, 250 ml Gemüsebrühe, 1 Lorbeerblatt, 3 Wacholderbeeren, Salz, Pfeffer, 2 Zwiebeln, 3 El Butter, 800 g Hechtkoteletts, 250 ml trockener Weißwein, 250 ml Sahne, 2 Eigelb, 1 Prise gemahlene Muskatnuss, 2 El gehackte frische Petersilie

1 Butterschmalz erhitzen und Sauerkraut darin anschmoren. Brühe angießen, Lorbeer, Wacholderbeeren, Salz und Pfeffer zugeben und 25 Minuten köcheln lassen.

2 Zwiebeln schälen und klein schneiden. Butter in einem Topf erhitzen und die Zwiebeln darin andünsten. Fischkoteletts waschen, trockentupfen, salzen und zu den Zwiebeln geben. Nach 2 Minuten den Wein angießen und den Fisch etwa 10 Minuten bei geringer Temperatur garen.

3 Backofen auf 180 °C (Umluft 160 °C) vorheizen. Sauerkraut in eine Auflaufform schichten und die Fischstücke mit den Zwiebeln darauf legen.

4 Fischbratsud mit der Sahne aufkochen, dann die Eier zugeben und etwas einkochen lassen. Wenn die Sauce etwas angedickt ist, mit Salz, Pfeffer und Muskat würzen und über den Fisch geben. Die Hechtkoteletts im Ofen etwa 15 bis 20 Minuten goldgelb überbacken. Mit Petersilie bestreut servieren.

Zubereitungszeit 50 Minuten
Pro Portion ca. 575 kcal/2415 kJ
34 g E · 42 g F · 5 g KH

Hechtfilets auf Rahm-Spitzkohl

Zutaten für 4 Personen
4 Hechtfilets (à 200 g), Salz, Saft von 1/2 Zitrone, Pfeffer, 1 Spitzkohl, 150 g Bauchspeck, 1 El Butterschmalz, 250 ml Gemüsebrühe, 5 El Mehl, 3 El Butter, 1/2 Tl gemahlene Muskatnuss, 200 ml Sahne, etwas Dill

1. Hechtfilets waschen, trockentupfen und mit Zitronensaft beträufeln. Mit Salz und Pfeffer würzen und etwa 20 Minuten ziehen lassen. In einem Topf etwa 2 l Salzwasser erhitzen. Den Spitzkohl in Blätter teilen, waschen, trockenschütteln und in kochendem Wasser etwa 1 Minuten blanchieren. Dann herausnehmen und abtropfen lassen.

2. Speck in kleine Würfel schneiden. Das Butterschmalz in einem Topf erhitzen und den Speck darin auslassen. Spitzkohl in Streifen schneiden und zum Speck geben. Unter Rühren kurz schmoren, die Brühe angießen und den Kohl mit Salz und Pfeffer würzen. Abgedeckt etwa 15 Minuten garen.

3. Hechtfilets in Mehl wenden. Butter in einer Pfanne erhitzen und die Fischfilets darin von beiden Seiten etwa 4 Minuten goldgelb braten. Dabei mit dem Bratfett übergießen. Den gegarten Spitzkohl mit Sahne verfeinern und mit Muskat abschmecken. Auf vorgewärmte Teller verteilen. Hechtfilets darauf anrichten. Bratensatz über die Filets träufeln und mit Dill garnieren.

Zubereitungszeit 45 Minuten
Pro Portion ca. 758 kcal/3182 kJ
41 g E · 60 g F · 13 g KH

Fischgerichte

Renkenfilets aus dem Ofen

Zutaten für 4 Personen

800 g Renkenfilets ohne Haut und Gräten, Saft von 1 Zitrone, 2 Karotten, 1 Stangensellerie, 2 El Butter, Salz, Peffer, 200 ml Sahne, etwas Dill zum Garnieren

1 Die Fischfilets waschen und trockentupfen. Sofort mit dem Zitronensaft beträufeln und beiseite stellen.

2 Den Backofen auf 180 °C (Umluft 160 °C) vorheizen. Die Karotten schälen und in Scheiben schneiden. Den Stangensellerie putzen, waschen und in dünne Ringe schneiden.

3 1 El Butter in einer Pfanne erhitzen, Karotten und Sellerie darin etwa 3 Minuten schmoren. Mit Salz und Pfeffer abschmecken.

4 Eine Auflaufform einfetten und das Gemüse darin verteilen. Die Renkenfilets mit Salz und Pfeffer würzen und auf das Gemüse legen. Die restliche Butter schmelzen und darüber träufeln.

5 Die Form in den Ofen stellen. Nach etwa 5 Minuten die Sahne über die Fischfilets geben und alles weitere 15 Minuten im Ofen garen. Die Renkenfilets mit Dill garniert servieren. Dazu Reis oder Kartoffeln reichen.

Zubereitungszeit 45 Minuten
Pro Portion ca. 425 kcal/1785 kJ
45 g E · 25 g F · 5 g KH

Gedünsteter Donauwaller

Zutaten für 4 Personen

300 ml Weißwein, 100 ml Essig, 1 Lorbeerblatt, 1 Tl Zucker, 10 weiße Pfefferkörner, 2 El Salz, 1 Zwiebel, 2 Gewürznelken, 1 Bund Suppengemüse, 800 g Wels in Scheiben geschnitten, 1/2 Bund gehacktes frisches Liebstöckel

1 Den Wein mit 1 Liter Wasser, Essig, Lorbeerblatt, Zucker, Pfefferkörnern und Salz in einen großen Topf geben. Die Zwiebel schälen und mit den Nelken spicken. Dann in den Topf geben. Die Mischung aufkochen und etwa 15 Minuten köcheln.

2 Suppengemüse putzen und waschen. Karotte, Sellerie und Petersilienwurzel schälen. Gemüse klein schneiden, in den Sud geben und 10 Minuten mitköcheln.

3 Fischscheiben waschen, trockentupfen und mit Salz bestreuen. Dann in den Sud geben und darin etwa 10 Minuten ziehen lassen, nicht kochen.

4 Fischstücke auf vorgewärmte Teller verteilen und mit Gemüse umgeben. Kochsud darüber geben und mit Liebstöckel bestreut servieren. Dazu passen Salzkartoffeln.

Zubereitungszeit 45 Minuten
Pro Portion ca. 380 kcal/1596 kJ
32 g E · 23 g F · 5 g KH

Fischgerichte

Gebackener Isarlachs

Zutaten für 4 Personen
8 Isarlachsfilets (Huchen), Saft von 1 Zitrone, Salz, Pfeffer, 5 El Mehl, 3 El Butterschmalz, 2 El gehackte frische Petersilie

1 Die Fischfilets waschen und gut trockentupfen. Sofort mit Zitronensaft beträufeln und mit Salz und Pfeffer würzen.

2 Das Mehl auf einen Teller geben und die Fischfilets darin gut wenden.

3 Butterschmalz in einer Pfanne erhitzen und die Fische darin von beiden Seiten etwa 4 bis 5 Minuten goldgelb backen.

4 Den Isarlachs mit Petersilie bestreuen und mit Kartoffelsalat servieren.

Zubereitungszeit 25 Minuten
Pro Portion ca. 535 kcal/2247 kJ
57 g E · 27 g F · 16 g KH

Gemüse

Gemüse

Feldsalat mit Schwammerln

Zutaten für 4 Personen
300 g Feldsalat, 250 g Pfifferlinge, 75 g durchwachsener Speck, 1 Tl Butter, 100 ml Gemüsebrühe, Salz, Pfeffer, 3 El Öl, 3 El Himbeeressig

1 Feldsalat verlesen, waschen und gut abtropfen lassen. Die Pilze putzen und sorgfältig bürsten. Größere Exemplare klein schneiden. Den Speck in kleine Würfel schneiden.

2 Die Butter in einer Pfanne zerlassen und die Speckwürfel darin anbraten. Nach ca. 3 Minuten die Pilze zufügen und etwa 5 Minuten dünsten. Die Gemüsebrühe zugießen und mit Salz und Pfeffer würzen.

3 Den Feldsalat in eine Schüssel geben. Öl und Essig miteinander mischen und über den Salat träufeln. Den Salat auf 4 Teller verteilen und die Pilze darauf anrichten. Dazu frisches Brot reichen.

Zubereitungszeit 20 Minuten
(plus Schmorzeit)
Pro Portion ca. 140 kcal/587 kJ
6 g E · 13 g F · 1 g KH

Krautwickel

Zutaten für 4 Personen
1 kleiner Weißkohl, 300 g Mett, 1 Ei, Salz, Pfeffer, Majoran, Butter, 150 ml Schmand, 2 El Tomatenmark, 2 El gehackte Petersilie

1 Weißkohl putzen und in kochendes Salzwasser geben. 3 Minuten kochen lassen, bis sich 8 schöne Blätter ablösen lassen. Die dicken Rippen etwas flach schneiden, die Kohlblätter abtropfen lassen. Den Backofen auf 200 °C vorheizen.

2 1 Tasse Weißkohl klein hacken, mit dem Mett und dem Ei verkneten und mit Salz, Pfeffer und Majoran abschmecken. Mettmasse auf Kohlblätter verteilen, Längsseiten etwas einschlagen und aufwickeln.

3 Krautwickel in eine gebutterte Auflaufform legen, mit Butterflöckchen belegen und zugedeckt im vorgeheizten Backofen bei 200 °C etwa 30 Minuten garen. Anschließend noch etwa 15 Minuten offen weiter braten.

4 Den Schmand mit dem Tomatenmark verschlagen, über die Krautwickel geben und alles mit Petersilie bestreuen. Die Krautwickel mit Kartoffelbrei servieren.

Zubereitungszeit 30 Minuten
(plus Garzeit)
Pro Portion ca. 308 kcal/1292 kJ
19 g E · 24 g F · 4 g KH

Deftiger Krautsalat

Zutaten für 4 Personen
750 g Krautsalat, 2 Zwiebeln, 100 ml Weißweinessig, 1 El Zucker, Salz, weißer Pfeffer, 1 Tl Kümmel, 50 g durchwachsener Speck, 1 El Öl

1 Den Kohl putzen, vierteln, waschen, den harten Strunk herausschneiden und das Gemüse in feine Streifen schneiden. Die Zwiebeln schälen und in Ringe schneiden.

2 Essig, Zucker und Zwiebeln in einen Topf geben, aufkochen und über den Kohl geben. Mit Salz und Pfeffer abschmecken. Kümmel untermischen.

3 Den Speck in Würfel schneiden und im erhitzten Öl knusprig braten. Dann unter den Krautsalat mischen. Den Salat 30 Minuten durchziehen lassen. Dazu Laugenbrezeln reichen.

Zubereitungszeit 30 Minuten
(plus Zeit zum Ziehen)
Pro Portion ca. 133 kcal/559 kJ
5 g E · 7 g F · 12 g KH

Gemüse

Rote-Bete-Salat

Zutaten für 4 Personen
500 g Rote Bete, 1 Zwiebel, 3 El Essig, 2 El Öl, Salz, Pfeffer, Zucker

1 Die Roten Bete waschen, nicht schälen. In kochendem Salzwasser 15 bis 20 Minuten kochen. Dann abgießen, abtropfen und abkühlen lassen.

2 Die Zwiebel schälen und in Würfel schneiden. Essig, Öl, Salz, Pfeffer und Zucker zu einer Marinade vermischen und die Zwiebelwürfel dazugeben.

3 Rote Bete schälen und in Würfel oder Scheiben schneiden. In einer Schüssel mit der Marinade vermengen und 15 Minuten durchziehen lassen.

Zubereitungszeit 35 Minuten
(plus Zeit zum Ziehen)
Pro Portion ca. 105 kcal/440 kJ
2 g E · 5 g F · 12 g KH

Gemüse

Ritterzipfel

Zutaten für 4 Personen
1 kg Kartoffeln, 2 Zwiebeln, 250 g magerer Bauchspeck, 250 g Sauerkraut, 3 Eigelb, 3 El Schmand, 1 El gehackter frischer Kerbel, Salz, Pfeffer, frisch gemahlene Muskatnuss, Kartoffelmehl, 3 El Butterschmalz

1 Kartoffeln schälen und in wenig Salzwasser etwa 20 Minuten garen. Dann abgießen, abtropfen lassen und ausdampfen lassen. Mit dem Kartoffelstampfer zerkleinern.

2 Die Zwiebeln schälen und würfeln. Den Bauchspeck in kleine Würfel schneiden. Den Speck in einer Pfanne auslassen, die Zwiebeln zugeben und 3 Minuten schmoren. Dann beides abkühlen lassen. Das Sauerkraut klein schneiden.

3 Kartoffelbrei mit Speck-Zwiebeln, Sauerkraut, Eigelb, Schmand und Kerbel gut vermischen und mit Salz, Pfeffer und Muskat abschmecken. Aus dem warmen Teig fingerlange Röllchen formen.

4 Das Kartoffelmehl in einen Teller geben, die Rollen darin wenden und im heißen Butterschmalz von allen Seiten goldbraun backen. Mit grünem Salat zum Bier reichen.

Zubereitungszeit 35 Minuten
Pro Portion ca. 860 kcal/3612 kJ
11 g E · 73 g F · 41 g KH

Bayerisch Kraut mit Würsten

Zutaten für 4 Personen
750 g Weißkraut, 1 Zwiebel, 1 Apfel, 4 El Butterschmalz, 1 El Zucker, Salz, Pfeffer, 1 Tl Kümmelkörner, 250 ml Gemüsebrühe, 250 ml Weißwein, 1 El Essig, Fett zum Braten, 8 Rostbratwürste

1 Kraut waschen, vom harten Strunk befreien und in feine Streifen schneiden. Zwiebel schälen und hacken. Apfel waschen, vom Kerngehäuse befreien und würfeln.

2 Das Butterschmalz in einem großen Topf erhitzen, den Zucker darin kurz anbräunen. Zwiebel und Apfel zugeben und andünsten.

Dann das Weißkraut zugeben und mit Salz, Pfeffer und Kümmel würzen. Brühe und Wein darüber gießen und bei geringer Temperatur alles etwa 45 Minuten garen. Anschließend mit dem Essig süß-sauer abschmecken.

3 Das Fett in einer Pfanne erhitzen und die Rostbratwürste darin knusprig braun braten. Kraut mit Würsten und Brot servieren.

Zubereitungszeit 25 Minuten
(plus Garzeit)
Pro Portion ca. 815 kcal/3423 kJ
31 g E · 65 g F · 17 g KH

Gemüse

Blaukraut mit Preiselbeergelee

Zutaten für 4 Personen
1 kg Blaukraut (Rotkohl), 2 Zwiebeln, 2 Äpfel, 3 El Butterschmalz, 3 El Rotweinessig, 300 ml trockener Rotwein, 100 ml Gemüsebrühe, 4 Gewürznelken, 1/2 Tl Piment, 1 El Zucker, Pfeffer, 100 g Preiselbeergelee

1 Das Blaukraut waschen, vierteln und den harten Strunk herausschneiden. Das Kraut in nicht zu dicke Streifen schneiden, in eine Schüssel geben und salzen. Mit den Händen gut durchmengen.

2 Die Zwiebeln schälen und fein würfeln. Die Äpfel schälen, die Kerngehäuse entfernen und die Äpfel ebenfalls in Würfel schneiden.

3 Das Butterschmalz in einem Topf erhitzen und Zwiebel- und Apfelwürfel darin andünsten. Mit dem Essig ablöschen und das Blaukraut in den Topf geben. Bei mittlerer Temperatur 7 Minuten schmoren.

4 Wein, Brühe, Nelken, Piment, Zucker und Pfeffer unterrühren und das Kraut bei geringer Temperatur etwa 45 Minuten schmoren. 10 Minuten vor Ende der Garzeit das Preiselbeergelee unterrühren. Das Blaukraut zu Wildgerichten servieren.

Zubereitungszeit 25 Minuten (plus Garzeit)
Pro Portion ca. 323 kcal/1355 kJ
4 g E · 11 g F · 38 g KH

Gemüse

Fingernudeln

Zutaten für 4 Personen
1 kg Kartoffeln, 175 g Mehl, 2 Eier, 5 El Öl

1 Die Kartoffeln waschen und mit Schale in etwa 20 Minuten weich kochen. Dann abgießen, kurz abkühlen lassen, schälen und noch heiß zerstampfen.

2 Backofen auf 200 °C (Umluft 180 °C) vorheizen. Das Kartoffelpüree nach dem Erkalten salzen, dann Mehl und Eier dazugeben und alles zu einem glatten Teig verarbeiten.

3 Den Kartoffelteig zu einer länglichen Rolle formen und in etwa 2 cm dicke Stücke schneiden. Aus den Stücken fingerlange Röllchen formen.

4 Öl in einer großen Form erhitzen, die Fingernudeln hineinlegen und im Ofen etwa 10 Minuten goldgelb backen. Dazu passt Krautsalat.

Zubereitungszeit 40 Minuten
Pro Portion ca. 505 kcal/2121 kJ
13 g E · 19 g F · 68 g KH

Reiberdatschi

Zutaten für 4 Personen
1 kg Kartoffeln, Salz, 175 g Mehl, 2 Eier, 100 g Butterschmalz, 1 Zwiebel, 1 Knoblauchzehe

1 Die Kartoffeln waschen und mit Schale in Salzwasser garen. Dann abgießen, abtropfen lassen, pellen und durch die Kartoffelpresse drücken. Den Kartoffelbrei abkühlen lassen.

2 Den abgekühlten Kartoffelbrei mit dem Mehl bestäuben, die Eier zugeben, alles gut durchkneten und salzen.

3 Das Butterschmalz in einer Pfanne erhitzen. Die Zwiebel und die Knoblauchzehe schälen und fein hacken. Beides im heißen Butterschmalz andünsten. Die Kartoffelmasse zugeben und anbraten.

4 Wenn der Kartoffelfladen gut angebraten ist, mit einem Pfannenwender zerteilen, bis er locker und goldbraun ist. Sollte er zu trocken sein, noch etwas Fett zugeben und unter Wenden weiterbraten. Den Kartoffelschmarrn mit Salat oder Kraut servieren.

Zubereitungszeit 35 Minuten
Pro Portion ca. 438 kcal/1838 kJ
9 g E · 29 g F · 36 g KH

Gemüse

Schwammerlpfanne

Zutaten für 4 Personen
1 Zwiebel, 100 g Speck, 600 g gemischte Waldpilze, Salz, Pfeffer, 250 ml trockener Weißwein, 250 ml Gemüsebrühe, 2 El Mehl, 4 El Sahne, 1/4 Bund gehackte frische Petersilie

1 Die Zwiebel schälen und hacken. Den Speck würfeln. Die Speckwürfel in einer Pfanne auslassen und die Zwiebel darin andünsten.

2 Die Pilze putzen, gründlich bürsten und größere Exemplare klein schneiden. Die Pilze in die Pfanne geben und 5 Minuten zugedeckt dünsten. Dann Wein und Brühe zugeben und alles weitere 10 Minuten köcheln.

3 Das Mehl mit der Sahne verrühren und die Pilzpfanne damit andicken. Anschließend mit Salz und Pfeffer abschmecken und mit Petersilie bestreut servieren. Dazu schmecken Semmelknödel.

Zubereitungszeit 45 Minuten
Pro Portion ca. 175 kcal/736 kJ
14 g E · 8 g F · 6 g KH

Desserts und Backwaren

Bayerisch Creme

Zutaten für 4 Personen
250 ml Sahne, 125 ml Milch, Mark von
1/2 Vanilleschote, 3 Blatt weiße Gelatine,
2 Eigelb, 50 g Puderzucker

1 Die Sahne steif schlagen und kühl stellen. Die Milch mit dem Vanillemark aufkochen. Die Gelatine in wenig kaltem Wasser einweichen.

2 Die Eigelb mit dem Puderzucker in einem Topf verrühren, dann die heiße Milch dazugeben und so lange mit dem Schneebesen rühren, bis die Masse andickt und kurz vor dem Kochen ist. Die Gelatine unterrühren und in der Masse auflösen.

3 Die Creme in Eiswasser stellen und kalt rühren, bis sie beginnt zu stocken, dann die Sahne unterheben. In einer hübschen Form im Kühlschrank fest werden lassen. Mit Himbeersauce servieren.

Zubereitungszeit 10 Minuten
(plus Kühlzeit)
Pro Portion ca. 305 kcal/1281 kJ
3 g E · 20 g F · 29 g KH

Desserts und Backwaren

Apfelcreme

Zutaten für 4 Personen
8 Äpfel, 1/2 Vanilleschote, abgeriebene Schale von 1 Zitrone, 75 g Zucker, 3 El Schmand, 2 El Calvados, Apfelspalten zum Garnieren

1 Die Äpfel waschen, schälen, von den Kerngehäusen befreien und in Achtel schneiden.

2 Mit der Vanilleschote und der Zitronenschale in einen Topf geben und mit so viel kaltem Wasser bedecken, dass die Äpfel knapp bedeckt sind. Den Zucker zugeben und die Äpfel in etwa 20 Minuten weich kochen.

3 Die Apfelmasse abkühlen lassen und pürieren. Schmand und Calvados unterrühren und etwa 1 Stunde kalt stellen. Mit Hasenohren (s. S. 114) und Apfelspalten servieren.

Zubereitungszeit 35 Minuten
(plus Kühlzeit)
Pro Portion ca. 275 kcal/1155 kJ
1 g E · 7 g F · 48 g KH

Desserts und Backwaren

Hasenohren

Zutaten für etwa 25 Stück
400 g Mehl, 2 Eier, 2 Eigelb, 3 El Sahne, 3 El Schmand, 100 g Butter, 100 g Zucker, Salz, 500 g Butterschmalz, Puderzucker zum Bestäuben

1 Das Mehl in eine Schüssel sieben. Eier, Eigelb, Sahne und Schmand dazugeben, die Butter in Stückchen hinzufügen und alles verkneten. Anschließend den Zucker und eine Prise Salz zugeben und nochmals gut durchkneten. Den Teig etwa 30 Minuten kühl stellen.

2 Den Teig auf einer bemehlten Arbeitsfläche dünn ausrollen. Mit einem Messer oder Teigrädchen längliche Rauten ausschneiden. Anschließend jede Teigraute oben und unten etwa 1 bis 2 cm einschneiden.

3 Das Butterschmalz in einem großen hohen Topf erhitzen und die Teigrauten darin von beiden Seiten frittieren, bis sie goldgelb und knusprig sind. Die Hasenohren sollten sich dabei etwas aufblähen. Dann mit einer Schaumkelle aus dem Fett heben und auf Küchenpapier abtropfen lassen.

4 Die Hasenohren noch warm mit Puderzucker bestäuben und servieren. Dazu Fruchtmus oder Apfelcreme (s. S. 113) servieren.

Zubereitungszeit 25 Minuten
(plus Kühlzeit)
Pro Stück ca. 296 kcal/1245 kJ
3 g E · 25 g F · 16 g KH

Desserts und Backwaren

Zwetschgendatschi

Zutaten für 4 Personen
*20 g Hefe, 125 ml lauwarme Milch,
80 g Zucker, 250 g Mehl, 100 g Butter,
1 Ei, abgeriebene Schale von 1 Zitrone,
2 Prisen Salz, 2 kg Zwetschgen, Mehl
zum Ausrollen, Fett für das Blech,
3 El geriebene Haselnüsse oder Mandeln*

1 Hefe mit lauwarmer Milch und 1 Prise Zucker verrühren und beiseite stellen. Das Mehl mit der Hälfte des Zuckers, der weichen Butter, dem Ei, der Zitronenschale und dem Salz in eine Schüssel geben. Hefemilch hinzugeben und alles zu einem geschmeidigen Teig verkneten. Teig so lange kneten, bis er sich vom Rand löst. Etwas Mehl darüber stäuben und den Hefeteig zugedeckt etwa 1 Stunde an einem warmen Ort gehen lassen.

2 Zwetschgen waschen und einzeln mit einem Tuch trockenreiben. Halbieren, entsteinen und noch einmal jede Zwetschgenhälfte bis zur Hälfte einschneiden.

3 Den gut gegangenen Teig einmal durchkneten und auf einer mit Mehl bestäubten Arbeitsfläche in der Größe eines Backblechs ausrollen. Auf ein gefettetes Backblech des Backofens legen und mit den Haselnüssen oder Mandeln bestreuen. Zwetschgen dicht an dicht dachziegelartig auf den Teig setzen. Den Teig noch einmal 20 Minuten gehen lassen. Den Backofen auf 225 °C vorheizen.

4 Nachdem der Teig noch einmal gegangen ist, Zwetschgen mit dem restlichen Zucker bestreuen und im vorgeheizten Backofen bei 200 °C etwa 20 bis 25 Minuten backen lassen.

5 Den Kuchen herausnehmen und in Stücke zerteilen und auf einem Rost abkühlen lassen. Lauwarm mit steif geschlagener Sahne servieren.

Zubereitungszeit 55 Minuten
(plus Zeit zum Gehen)
Pro Portion ca. 768 kcal/3224 kJ
14 g E · 29 g F · 107 g KH

Semmelauflauf

Zutaten für 4 Personen
12 Semmeln vom Vortag, 500 ml Milch, 3 Eier, 50 g Butter, 75 g Zucker, 1 Apfel, 4 El gemahlene Haselnüsse, 40 g Rosinen, abgeriebene Schale von 1/2 Zitrone, 2 El Butter

1 Die Semmeln in 1/2 cm dicke Scheiben schneiden und mit der erwärmten Milch übergießen. Semmeln 20 Minuten einweichen lassen. Dann ausdrücken.

2 Inzwischen die Eier trennen. Butter, Eigelb und Zucker schaumig rühren. Den Apfel schälen, vom Kerngehäuse befreien und fein reiben. Unter den Eierschaum mischen.

3 Den Backofen auf 150 °C (Umluft 130 °C) vorheizen. Die eingeweichten Semmeln mit den übrigen Zutaten außer Butter und Eiweiß vermischen.

4 Eiweiß steif schlagen und vorsichtig unter die Semmel-Masse heben. Diese in eine gefettete Auflaufform füllen und mit Butterflöckchen belegen. Im Ofen etwa 45 Minuten backen.

Zubereitungszeit 45 Minuten
(plus Backzeit)
Pro Portion ca. 638 kcal/2680 kJ
17 g E · 29 g F · 76 g KH

Desserts und Backwaren

Mandelzopf

Zutaten für 1 Kranzform

Hefeteig (siehe Rezept Seite 43), 2 El Butter, 175 g gemahlene Mandeln, 150 g Zucker, abgeriebene Schale von 1/2 und Saft von 1 unbehandelten Zitrone, 1 cl Mandellikör, Sahne, Fett für die Form, 1 Eigelb

1 Den Hefeteig nach dem Rezept für Dampfnudeln zubereiten und gehen lassen. Dann zu einem Rechteck von 1/2 cm Dicke ausrollen. Butter zerlassen und den Teig damit einstreichen.

2 Die Mandeln mit Zucker, Zitronenschale und -saft sowie Mandellikör vermischen und so viel Sahne zugeben, dass eine glatte Masse entsteht.

3 Die Füllung auf dem Teig verteilen und diesen aufrollen. Den Teig in der Mitte teilen und die beiden Teigstränge zu einem Zopf legen.

4 Den Zopf in die gefettete Kranzform legen und 30 Minuten gehen lassen. Den Backofen auf 180 °C (Umluft 160 °C) vorheizen. Den Kranz im Ofen etwa 45 Minuten backen. Nach 35 Minuten mit verquirltem Eigelb bestreichen und zu Ende backen.

Zubereitungszeit 1 Stunde 15 Minuten (plus Zeit zum Gehen)
Pro Portion ca. 588 kcal/2470 kJ
11 g E · 36 g F · 54 g KH

Desserts und Backwaren

Semmelschmarrn

Zutaten für 4 Personen
8 altbackene Semmeln, 250 ml Milch, 250 ml Sahne, 6 Eier, 300 g brauner Zucker, 80 g Rosinen, abgeriebene Schale von 1 unbehandelten Zitrone, 5 El Butter, 1 Tl Zimt

1 Backofen auf 200 °C (Umluft 180 °C) vorheizen. Die Semmeln in Scheiben schneiden.

2 In einer Schüssel Milch, Sahne, Eier, 250 g Zucker, Rosinen und Zitronenschale mischen und über die Brötchenscheiben gießen. 15 Minuten ziehen lassen.

3 Butter in einer Auflaufform schmelzen, die Brötchenmasse hineingeben und alles im Ofen etwa 20 Minuten backen.

4 Nach dem Backen den Schmarrn in mehrere Teile schneiden und mit restlichem Zucker und Zimt bestreut servieren. Dazu eingemachtes Obst reichen.

Zubereitungszeit 30 Minuten
(plus Zeit zum Einweichen)
Pro Portion ca. 923 kcal/3875 kJ
19 g E · 42 g F · 115 g KH

Scheiterhaufen

Zutaten für 4 Personen
500 g Weißbrot, 375 ml Milch, Salz, 50 g Zucker, 4 Eier, 6 Äpfel, Saft von 1/2 Zitrone, 2 El Butter, 4 El gewürfelte getrocknete Aprikosen, 4 El Schmand, 4 El Quark, Vanillesauce zum Servieren

1 Weißbrot in Würfel schneiden und in eine Schüssel geben. Milch, Salz, Zucker und Eier miteinander mischen und darüber geben. 2 El Eiermilch zurückbehalten.

2 Die Äpfel waschen, schälen, von den Kerngehäusen befreien und raspeln. Dann mit Zitronensaft beträufeln.

3 Backofen auf 200 °C (Umluft 180 °C) vorheizen. Eine hohe Auflaufform einfetten. Abwechselnd Brotmasse, Apfelwürfel und getrocknete Aprikosen einschichten. Mit Brotmasse abschließen und restliche Eiermilch darüber geben.

4 Auflauf im Ofen 30 Minuten backen. Nach etwa 20 Minuten Schmand und Quark verrühren und über den Scheiterhaufen geben. Mit Vanillesauce servieren.

Zubereitungszeit 15 Minuten
(plus Einweich- und Backzeit)
Pro Portion ca. 698 kcal/2930 kJ
22 g E · 20 g F · 106 g KH

Desserts und Backwaren

Auszogne

Zutaten für 4 Personen
500 g Weizenmehl, Salz, 40 g Hefe, 80 g Zucker, 250 ml lauwarme Milch, 80 g Butter, 2 Eier, Butterschmalz zum Ausbacken, Zucker zum Bestreuen

1 Mehl mit etwas Salz mischen. Eine Vertiefung in die Mitte drücken, Hefe hineinbröckeln und mit etwas Zucker und der Hälfte der lauwarmen Milch verrühren. Diesen Vorteig zugedeckt an einem warmen Ort etwa 20 Minuten gehen lassen.

2 Butter in der restlichen Milch schmelzen und mit dem restlichen Zucker und den Eiern zum Vorteig geben. Den Teig kneten, bis er sich vom Schüsselboden löst. Mit einem Tuch zugedeckt an einem warmen Ort erneut 40 Minuten gehen lassen.

3 Anschließend den Teig einmal durchkneten. Aus dem Teig etwa 5 cm große Kugeln formen und auf ein mit Mehl bestäubtes Brett legen. So viel Butterschmalz in einem großen Topf erhitzen, dass die Auszognen beim Ausbacken schwimmen.

4 Hefeteigkugel mit den Fingern von innen nach außen bis zur gewünschten Größe rund ziehen. Teigstücke so ziehen, dass ein dicker Rand entsteht und der Teig in der Mitte durchscheinend dünn ist.

5 Die Auszognen in siedendem Butterschmalz schwimmend goldbraun ausbacken. Der dünne mittlere Teil wölbt sich dabei nach oben, wenn eine Seite braun ist. Dann wenden und die andere Seite ausbacken. Das Schmalz darf nicht in die Mitte fließen.

6 Das fertige Gebäck mit einem Schaumlöffel aus dem Fett heben, abtropfen lassen und mit Zucker oder Puderzucker bestreut servieren.

Zubereitungszeit 40 Minuten
(plus Zeit zum Gehen)
Pro Portion ca. 768 kcal/3223 kJ
20 g E · 26 g F · 112 g KH

Apfelringe im Bierteig

Zutaten für 4 Personen
4 Äpfel, Saft von 1 Zitrone, 2 El Rum, 2 Eier,
200 g Mehl, Salz, 50 g Zucker, 1 El Öl,
250 ml helles Bier, 500 ml Frittieröl

1 Äpfel waschen, schälen, Kerngehäuse herausschneiden und die Äpfel in 1 cm dicke Ringe schneiden. In eine Schüssel legen und mit Zitronensaft und Rum beträufeln, damit sie nicht braun werden.

2 Eier trennen. Eiweiß zu steifem Schnee schlagen. Mehl in eine Schüssel sieben. 1 Prise Salz, Zucker, Eigelb, Öl und Bier zum Teig geben und alles mit dem Handrührgerät zu einem glatten Teig verarbeiten. Zuletzt den Eischnee unterheben.

3 Das Frittieröl in einem großen breiten Topf oder einer Pfanne erhitzen. Die Apfelringe aus der Schüssel nehmen, kurz abtropfen lassen, dann im Bierteig wenden und im heißen Öl von beiden Seiten jeweils etwa 2 Minuten frittieren.

4 Die goldgelben Apfelringe aus dem Öl nehmen und auf Küchenpapier abtropfen lassen. Noch warm mit Vanilleeis servieren.

Zubereitungszeit 20 Minuten
(plus Frittierzeit)
Pro Portion ca. 500 kcal/2100 kJ
10 g E · 19 g F · 64 g KH

Desserts und Backwaren

Laugenbrezeln

Zutaten für 4 Personen
*80 g Hefe, 600 ml lauwarmes Wasser,
2 Tl Zucker, 1 kg Weizenmehl (Type 550),
2 Tl Salz, 30 g Butter, 4 l Wasser, 40 g Natron,
4 El grobes Salz*

1 Hefe mit Wasser und Zucker verrühren und mit Mehl, Salz und weicher Butter verkneten. Auf einer bemehlten Fläche zu einer Rolle formen und in 6 Stücke schneiden.

2 Die Stücke jeweils etwa 40 cm lang ausrollen und zu Brezeln formen. Zugedeckt 12 Minuten gehen lassen. Den Backofen auf 225 °C vorheizen.

3 Inzwischen das Wasser mit dem Natron aufkochen und Brezeln für 30 Sekunden hineintauchen. Mit einem Schaumlöffel herausnehmen und auf ein mit Backpapier belegtes Backblech legen.

4 Brezeln mit dem grobem Salz bestreuen und mindesten 20 bis 30 Minuten kalt stellen. Anschließend im vorgeheizten Backofen bei 225 °C etwa 20 Minuten backen.

Zubereitungszeit 30 Minuten
(plus Geh- und Backzeit)
Pro Portion ca. 913 kcal/3833 kJ
28 g E · 9 g F · 178 g KH